Hätte ich bloß gewusst, dass du so nahe bei mir bist ...

Bernard Huber

Hätte
ich bloß gewusst, dass du
so nahe bei mir bist …

Einführung in das Gebet des Herzens

 johannis

Bibliografische Information der Deutschen Nationalbibliothek
Die Deutsche Nationalbibliothek verzeichnet diese Publikation in der Deutschen
Nationalbibliografie; detaillierte bibliografische Daten sind im Internet
über http://dnb.dn-b.de abrufbar.

ISBN 978-3-501-01615-2

Bestell-Nr. 72 480
Lektorat: Dr. Thomas Baumann
Umschlaggestaltung: Sabine Maria Reister, www.reister-design.de
Umschlagbild: digitalstock
© 2009 by Verlag der St.-Johannis-Druckerei, Lahr/Schwarzwald
Gesamtherstellung:
St.-Johannis-Druckerei, Lahr/Schwarzwald
Printed in Germany 17161/2009

www.johannis-verlag.de

Meiner Frau Barbara
und allen Sozialarbeiterinnen und Sozialarbeitern,
die das »Gebet der Stille«
zu den Bettlern Indiens bringen.

Inhaltsverzeichnis

Vorwort

»Ich möchte gerne glauben, aber der christliche Glaube scheint mir zu wenig konkret und recht fern von meinen Alltagsproblemen zu sein. Ich weiß nicht genau, was ich damit anfangen kann. Die Lehre Jesu mag durchaus sinnvoll sein; wenn sich z. B. alle an die Bergpredigt halten würden, wie ganz anders würde dann unsere Welt aussehen! Ich kann mir aber nicht vorstellen, woher ich mir die Kraft holen könnte, sie umzusetzen.«

»Ich träume von Freiheit, Freude, Geborgenheit und Selbstbeherrschung und finde keine Spiritualitätsform, die meine Erwartung wirklich erfüllt. Moderne Stile sprechen gewisse Altersgruppen an, während andere sich weiterhin an Traditionen anlehnen, die mir von früher bekannt sind. Ich suche etwas, das zu mir passt.«

»Es gab oft Momente, wo ich glaubte, dass das, was die Bibel über Glück und Friede sagt, zwar schön klingt, aber mir persönlich niemals gelten wird.«

Solche oder ähnliche Sätze könnten viele aussprechen. Viele, die sich vom christlichen Glauben angezogen fühlen und damit einen Versuch wagen, stolpern nicht selten über die Praxis und wissen nicht, wie der Glaube ihnen zum ersehnten und versprochenen Glück verhelfen könnte. Stecken wir unser Ziel zu hoch, wenn wir hoffen, mit der Hilfe des Glaubens eine Kraft zu bekommen, die uns trägt, tröstet und Mut macht? Was dürfen wir überhaupt vom Glauben erwarten? Was hilft uns, die Begeisterung für den Glauben zu erhalten oder sie gar wachsen zu lassen? Tief in uns träumen wir von der Glaubenskraft, die aus den unerschöpflichen Quellen Gottes entspringt, von Quellen, die nicht versiegen, auch wenn wir älter werden.

Dieses Buch entstand auf Grund von Beobachtungen, die ich in den letzten Jahren mit der Gebetsform genannt »Gebet der Stille«

in Indien machte. Vor Jahren konnte ich mit meinem Freund, Reverend Martin Luther, das so genannte »Gebet der Stille« in vielen Gemeinden im Südosten Indiens und später unter den Bettlern in Großstädten Indiens einführen. Damals hatten die Gläubigen wie bei uns in der westlichen Welt Konzentrationsprobleme, als sie beten wollten, und ihr Glaube litt darunter. Als sie begannen, sich in dieser Gebetspraxis zu üben, wurden viele Christen von einem neuen Eifer erfasst, der bis heute angehalten hat. Ob Hirtin oder Bettler, Jung oder Alt, Unzählige ließen sich darauf ein und machten allesamt Erfahrungen, die ihnen halfen, ihren Glauben zu vertiefen.

Die Früchte dieser Gebetsform verdienen es, dass wir uns damit auseinandersetzen. Vor allem zeigt sie einen Weg zu mehr Innerlichkeit auf, was dem heutigen Mensch, der viel Zerstreuung unterliegt, sehr entgegenkommt. Die Praxis des Gebets scheint sehr einfach, aber wir finden den Zugang dazu nur, wenn wir das Ziel und die Schritte, die damit verbunden sind, stets im Auge haben. Nur dann sind wir auch bereit, den täglichen Zeitaufwand dafür zu leisten. Das Gebet setzt eine gewisse Bereitschaft zur Radikalität im Glaubensleben voraus, ebenso eine Bereitschaft, sich noch verändern zu lassen.

Wir kommen nicht darum herum, uns wichtige Fragen zu stellen: Wie steht es mit meiner Einstellung zu Zeit, zu meiner Entscheidungskraft, zu meiner Grundstimmung und zu meiner Lebensbestimmung? Das Buch richtet sich an Menschen, die Gott mehr Raum geben wollen und ahnen, dass sie vom Glauben viel erwarten dürfen.

Es geht um Stille. Stille wird meistens mit Mystik in Zusammenhang gebracht. Das Wort, das vom griechischen Wort mystikós kommt, bedeutet »geheimnisvoll«. Gerade deswegen stößt es nicht selten auf Skepsis. Als Geheimnis bezeichnet die Bibel auch Wahrheiten, zu denen die einen Zugang finden, während sie anderen verschleiert bleiben! So bezeichnet der Apostel Paulus Christus als das »Geheimnis Gottes«[1]. Das Buch handelt von solchen Wahrheiten, die dem Leser Hoffnung machen, einen Neuanfang mit Gott immer wieder zu wagen! Da Stille nichts Mysteriöses beinhaltet, bin ich darum bemüht, den Schwerpunkt nicht auf mystische Erfahrungen zu legen, sondern auf die heilsame Auswirkung der Begegnung mit Gott in der Stille. Natürlich kommen auch Mystiker und Mystikerinnen zu Wort. Das heißt nicht, dass ich alle Überzeugungen dieser Personen teile; viele von ihnen haben aber einen wichtigen Beitrag zur christlichen Spiritualität geleistet, den man nicht wegdenken kann.

Erleuchte uns, Jesus, mit der Klarheit des innern Lichts, und treibe aus
dem Hause meines Herzens alle Finsternis.[2]   Thomas à Kempis

I. Eine christliche Erleuchtung

Überrascht von der Wirkung

Ich bin 40 Jahre alt. Seit meinem 18. Lebensjahr lebe ich mit mei-
nem Mann in Khairatabad. Als mein Mann seine Arbeit verlor, waren
wir gezwungen, in ein Armenviertel der Stadt umzusiedeln. Wir ver-
dienten dort unser Leben durch das Sammeln von Plastik, das wir ver-
kauften. Ich war von Kindheit an eine eifrige Anhängerin des Gottes
Shiva. Aber eines Tages wurde unser Armenviertel von einer Organisa-
tion, genannt Bartimaeusprojekt, besucht. Einige Sozialarbeiter such-
ten täglich das Gespräch mit den Bettlern, verteilten Nahrung, Klei-
dung und unterrichteten über Hygiene. An den Sonntagen gestalteten
sie einen Gottesdienst. Eines Tages ging ich zufälligerweise an einem
Sozialarbeiter vorbei und hörte, wie er über das Gebet sprach. Weil ich
wissbegierig bin, stand ich einen Moment still, um zu erfahren, was er
darunter verstand. Langsam interessierte ich mich für das Gebet und
meine Zweifel verschwanden. Obwohl ich nicht lesen kann, händigte
mir ein Sozialarbeiter eines Tages das Büchlein über das »Gebet der
Stille« aus. Er lehrte den Inhalt des Büchleins über dieses Gebet und
den Sinn eines persönlichen Gebetslebens. Ich war davon so beein-
druckt, dass ich begann, es zu üben. Ich merkte, dass sich mein Leben
dabei veränderte und Frieden in mein Leben einkehrte.

Hymavathi aus Hyderabad

Über die Stille

Viele Christen verhalten sich aus Furcht vor östlichen Religionen skeptisch gegenüber der Praxis der Stille, während andere riskieren, die Praxis überzubewerten.

Stille bedeutet *ohne Bewegung und Geräusch.* Es hat mit Lautlosigkeit, Abwesenheit jeglichen Geräusches, aber auch mit Bewegungslosigkeit zu tun. Von der Stille weiß man, dass sie zum inneren Schweigen führen kann, das eine Offenheit für Hören und Empfangen schafft.

Ein Blick in die Bibel und in die Kirchengeschichte zeigt, dass dort die Stille schon immer einen Platz einnahm. Sie wurde auch durch die Jahrhunderte hindurch in christlichen Gruppen und Klöstern immer wieder entdeckt und gepflegt, als östliche Religionen bei uns noch völlig unbekannt waren. Betrachten wir, welche Rolle die Stille in der Heiligen Schrift einnimmt.

In der Bibel wird dem Gläubigen, der etwas von Gott erwartet, gesagt, dass er in der Stille auf das Einschreiten Gottes warten soll. Dieses Warten wird nicht als Inaktivität betrachtet. Er nimmt damit die beste Stellung vor Gott ein und macht gegen alle Befürchtungen vor Zeitverlust den besten Gebrauch seiner Zeit, wenn er das Wort beherzigt: *»Sei stille dem Herrn und warte auf ihn.«*[3] Gerade in den Zeiten des Suchens, der Desorientierung und der Überlastung, wo wir manchmal riskieren, uns für allerlei Einflüsse zu öffnen, sollten wir dem Wort gehorchen: *»Wenn ihr umkehrt und stille bliebet, so würde euch geholfen; durch Stillesein und Hoffen würdet ihr stark sein.«*[4] Ein Einüben in diese wartende Haltung ist von größerem Gewinn als viele mündlich formulierte Gebete. Wenn wir die Haltung des Wartens einnehmen, so haben wir die Verheißung Gottes, dass die entscheidenden Lösungen meistens zur rechten Zeit eintreffen, oft sogar, ohne dass wir etwas aktiv dazu tun müssen.

Befanden Sie sich schon einmal in einer Situation, wo Sie sich nach einem eindrucksvollen Eingreifen Gottes sehnten? Tatsächlich lesen wir in der Bibel, dass Gott immer wieder Propheten und speziell erwählten Menschen auf spektakuläre Art erschienen ist. Aber entgegen den Erwartungen vieler Christen begegnet er uns heute meistens nicht in laut dröhnender Musik, sondern viel eher in einem leisen Flüstern, das nur für Herzen wahrnehmbar ist. So erzählt uns die Bibel, wie Gott dem Elia in der Wüste auf dem Berg Horeb begegnete. Er sagte ihm: *»Geh hinaus und tritt auf den Berg vor den Herrn!« Vor Gott zog zuerst ein großer, heftiger Sturmwind einher, Berge rüttelnd und Felsen erschütternd. Aber der Herr war nicht im Sturme. Nach dem Sturme kam ein Erdbeben. Aber der Herr war nicht im Erdbeben. Nach dem Erdbeben kam Feuer. Aber der Herr war nicht im Feuer. Nach dem Feuer kam eine leise, feine Stimme.«*[5] Das Reden Gottes während des Gebets der Stille kann mit diesem leisen Flüstern verglichen werden. Wird alles in uns ruhig, so können wir beginnen zu hören, und wir entdecken und entwickeln eine andere Art des Hörens, nämlich dasjenige des Herzens. Es muss Zeiten und Orte im Leben jedes Menschen geben, wo er sich ganz Gott öffnet. Hören setzt Schweigen voraus.

Maßgebend sind während dieser Zeiten unsere Sehnsucht und das Wirken Gottes und nicht die Stille an sich. Die Entscheidung für Stille und der bloße Verzicht auf das aktive Denken, wie es im Gebet der Stille geschieht, wirkt sich zwar entspannend auf das Gemüt aus; aber es ist nur deshalb von Interesse, weil es uns hilft, unsere ganze Aufmerksamkeit innerlich auf Gott zu richten. »Wenn du auf ihn das Herz ausrichtest, tust du viel. Bist du dabei beharrlich, so wirst du Gott empfangen.«[6]

Meine Beobachtungen in Indien haben mir gezeigt, dass überall, wo Christen sich zur Stille vor Gott entscheiden, meistens Bemerkenswertes geschieht und Veränderungsprozesse eingeleitet werden.

Im Neuen Testament beweist niemand so sehr wie Jesus selbst die Wichtigkeit der Stille durch seinen vierzigtägigen Aufenthalt in der Wüste, den er mit Fasten und Beten verbrachte. Getrieben durch den Geist, nahm er dort, laut dem Bericht der Evangelisten[7], den Kampf mit dem Bösen auf. Diese Zeit der Einkehr und der Stille half ihm herauszufinden, wo und wie ein Mensch versucht wird. Wichtig war diese Erfahrung für ihn, weil er von Anfang an das Ziel verfolgte, die Stelle des versuchten Menschen, zu denen wir alle zählen, einzunehmen. Zuerst wurde er in seinem Selbstverständnis angefochten; der Böse begann zwei Versuchungen mit der Frage: »*Bist du Gottes Sohn* ...?« Genauso zielen heute alle Versuchungen darauf, die Entwicklung unseres Selbstbewusstseins als Gottes Kinder zu verhindern.

Ebenso klar ist, dass Jesus in allen dargestellten Anfechtungen versucht wurde, seinen Auftrag ganz auf das Erlangen der Gunst seiner Mitmenschen auszurichten. Er sollte dazu verführt werden, sein Werk und sein Selbstverständnis auf die Bewunderung und den Applaus seiner Mitmenschen auszurichten und Glück und Selbstwertgefühl darin zu suchen. Somit stand er in einer Situation, die den meisten von uns im Alltag vertraut ist.

Wäre Jesus diesen Versuchungen unterlegen, wäre er zu einem einfachen und ichbezogenen Menschen wie wir alle geworden und hätte nicht die Fähigkeit erlangt, den Weg der Erlösung für alle Menschen zu beschreiten. Ich kann mir nicht ernsthaft vorstellen, dass Jesus den gleichen inneren Weg im lauten Getümmel einer heutigen Großstadt hätte bestreiten können.

In der Wüste nahm er wahr, in welchem Kampf wir uns als Menschen befinden. Da schöpfte er Kraft, um seinen Auftrag zu erfüllen in Gemeinschaft mit seinem Vater. Er entdeckte selbst als Gottes Sohn, dass alles Äußerliche und Materielle so belanglos ist, dass er davor nur warnen konnte. Dies führte ihn selbst in die größte Freiheit, die ein Mensch je erlebte, und machte ihn fähig, sein Opfer für die Welt zu bringen. Fragen wir uns deshalb, woher seine Glaubwürdigkeit kommt, so müssen wir sie u. a. in seiner »Selbstlosigkeit« suchen.

Die Evangelisten erinnern sich daran, dass »*Jesus (immer wieder) an einsame Stellen ging und dort betete*«[8]. Sein Aufruf zur radikalen

Nachfolge spornt darum an, und Worte wie »*Jeder unter euch, der sich nicht lossagt von allem, was er hat, der kann nicht mein Jünger sein*«[9] hören nicht auf, uns auf das Wesentliche zu verweisen.

Auch wir brauchen einen Ort, wo stets eine enge Auseinandersetzung mit Gott und mit uns selbst stattfinden kann, wenn wir den tiefsten Wahrheiten des Lebens auf die Spur kommen wollen. Glauben wir, sie auf andere Weise erfassen zu können und unsere inneren und äußeren Feinde etwa anders überwältigen zu können?

Der Apostel Paulus ging einen ähnlichen Weg, als er sich nach seiner Umkehr zu Christus nach Arabien zurückzog[10]. Auch er suchte zuerst in der Zurückgezogenheit der Wüste eine Vertiefung der Gemeinschaft mit Gott, bevor er seine apostolische Tätigkeit begann. Es ist jedem Meditanten[11] zu wünschen, dass er durch die Praxis des Gebets der Stille mit der Zeit eine solche innere Freiheit erlangt, dass er mit den Worten des Apostels bekennt: »*Ich lebe, doch nun nicht ich, sondern Christus lebt in mir.*«[12]

Das Gebet der Stille braucht keine theologische Rechtfertigung. Wichtig ist, dass wir wie Christus in der Stille begreifen, was mit dem Anspruch Gottes an uns gemeint ist: »*Du sollst den Herrn, deinen Gott, lieben von ganzem Herzen, von ganzer Seele, von allen Kräften und von ganzem Gemüt.*«[13] So muss sich auch niemand rechtfertigen, dass er Gott in der Stille »von ganzem Herzen« suchen will. Es wird sogar für viele, welche Gott finden wollen, wahrscheinlich kaum eine Alternative zu dieser Art von Suchen geben.

Fragen zum Nachdenken:
- *Was ist Ihre Einstellung zur Stille und was ist Ihre bisherige Erfahrung?*
- *Was hilft Ihnen zu erkennen, wie Gott Sie und die Lage, in der Sie sich befinden, beurteilt? Können Sie annehmen, dass Gott eine Zukunft für Sie bereithält?*

Die Wurzeln des Gebets

Nochmals, im Gebet der Stille dreht es sich im Grunde nicht um die Stille an sich. Wichtiger als die Stille selbst sind das Streben und die Sehnsucht nach Gott, die es uns erleichtern, uns in der Stille Gott zu nähern. Wir wollen zwar den ständigen und im Gebet immer wiederkehrenden Zerstreuungen entgehen. Sie hindern uns ja daran, auf Christi Wort zu hören, indem sie uns die Ruhe rauben, die für die Konzentration nötig ist. Aber mehr noch dient die Stille als Werkzeug in unserem Versuch, durch Selbstverleugnung[14] Christus näherzukommen. Diese Selbstverleugnung wird in der christlichen Mystik, ganz in Anlehnung an Jesu Lehre, als das Mittel betrachtet, das uns am meisten hilft, Gott näherzukommen.

Rein äußerlich ist das Gebet der Stille mit dem »Ruhegebet« gleichzusetzen, das in der christlichen Mystik durch die Jahrhunderte hindurch gepflegt und immer wieder neu entdeckt wurde. Dieser Gebetsform liegt eine uralte christliche Gebetstradition zugrunde, die praktiziert wurde, als in der westlichen Welt noch nichts von fernöstlichen Meditationspraktiken bekannt war, die heute überall Anklang finden. Johannes Cassian[15] hat diese Form des Gebets schon im 4. Jahrhundert bei den Wüstenvätern in der ägyptischen Wüste gelernt und es in seinen Schriften bekannt gemacht.

Insofern Stille also auf das Hören auf Gott zielen soll, ist das Gebet der Stille als eine christliche Antwort auf die östliche Mystik zu verstehen und muss deshalb auch nicht mit ihr vermischt werden. Es ist die Entwicklung einer eigenen christlichen Praxis, die im Unterschied zur klassischen Schultheologie heute wie vor Jahrtausenden jedem zugänglich ist. Diese Art von Mystik, die zum christlichen Hören und Handeln führt, hat ihre Wurzeln in der biblischen Lehre. Der evangelische Mystiker Gerhard Tersteegen nennt deshalb mit Recht schon die Patriarchen des Alten Testaments »wahre Mystiker«.

So schöpft die Theologie des Gebets der Stille aus dem Gedankengut der mystischen Theologie der Vergangenheit und will dem Beter Zugang zu einer tieferen göttlichen Erfahrung verhelfen. Inwiefern diese Art des Gebets jedem eine Hilfe in seinem Leben sein kann, wird jeder selbst erproben müssen. Vordergründig ist das Gebet der Stille keine Methode zur Konfliktlösung und ist auch nicht als Psychotherapie zu verstehen. Wir beobachten aber, dass die Praxis des Gebets bei allen einen positiven Verwandlungsprozess einleitet, die sich auf diese Form des Gebets einlassen, insofern es in das Hören auf Gott und sein Wort mündet.

Sei erleuchtet!

Unter Erleuchtung versteht man entweder das Endergebnis eines Prozesses geistiger Übung und Entwicklung oder eine mystische Erfahrung, die dem Gläubigen die Tür zur göttlichen Gnade öffnet. Während die Religionen den Akzent auf den ersten Weg setzen, legt die christliche Mystik den Akzent auf die Gnade, durch die wir Zugang zu Christus finden.

Maßgebend dabei ist, dass wir das Licht Gottes in unser Leben eindringen lassen. So schreibt der Apostel Paulus: »*Wach auf, der du schläfst, und steh auf von den Toten, so wird dich Christus erleuchten.*«[16] Der Apostel setzt Leben gleich mit »ins Licht kommen« und »im Licht wandeln«. Es gibt für ihn eine christliche Erleuchtung. Der Teil, den wir dabei zu leisten haben, wenn wir uns auf Christus ausrichten wollen, besteht im Loslassen von allem, was uns hindert, ihm nachzufolgen. Was das ist, wird »vom Licht aufgedeckt«.[17] Indem wir in der Stille alle Gedanken aufkommen lassen und sie nicht unterdrücken, betrachten wir täglich unser inneres Leben und seine Entwicklung, wie wir uns morgens in einem Spiegel betrachten. Ganz klar ist auch für den Apostel Johannes, dass ein

Wandel im Licht Nächstenliebe einschließt, denn »*wer seinen Bruder hasst ... wandelt in der Finsternis und weiß nicht, wo er hingeht; denn die Finsternis hat seine Augen verschlossen*«.[18]

Nicht selten leiden wir unter Lasten, die wir selbst nicht einmal fähig sind, beim Namen zu nennen. Eine intellektuelle Konzentrierung auf die Bibel oder die Sakramente, auf die eigene Kirche oder eigene festgefahrene Meinungen und Methoden mögen zeitweise eine Hilfe bieten, aber sie entpuppen sich mit der Zeit alle als ungenügend. Im Gegenteil, sie hindern uns nicht selten daran, zu Christus vorzustoßen und die befreiende Macht seines Evangeliums umzusetzen.

Selbst eine traditionelle intellektualistische Theologie bietet hierzu nur eine beschränkte Hilfe. »Es ist Unverstand, durch die Wirksamkeit des Verstandes die Erkenntnis Gottes und seiner Wahrheit zu suchen«[19], sagt Tersteegen. Wahr ist, dass die Kraft und der Reiz des christlichen Glaubens darin besteht, dass er uns dazu verhilft, Erfahrungen und Fortschritte in der Nachfolge Christi zu machen! Nur so kann uns Gottes Licht über unsere geistliche Blindheit aufklären.

Darum redet der Evangelist Johannes von »erleuchtet werden«, wenn er das Wort schreibt: »*Das war das wahre Licht, das alle Menschen erleuchtet, die in diese Welt kommen*«.[20] Er meinte damit die Erlösung, die aus dem Vertrauen in Christus entsteht, aber zweifellos auch die Fähigkeit des Loslassens von allem, was aus uns wehrlose Opfer von Einflüssen, Werbung, Versuchungen und Fantasien macht. Der Apostel Paulus redet noch von einem »*hellen Schein, den Gott, in unsere Herzen gibt, sodass entstünde die Erleuchtung zur Erkenntnis Gottes in dem Angesicht Jesu Christi*«[21]. Gemeint ist damit das Herz des Menschen; es soll vom Licht erfasst werden, damit es zu einem echten Kennenlernen Gottes kommt und wir Klarheit über Gott und uns selbst erlangen.

Es handelt sich also um die Wahrnehmung Christi im eigenen Leben und um die Fähigkeit, seine Führung zu erleben. Schon am Anfang der Bibel ist die Rede vom Weggang der Israeliten durch die

Wüste Sinai, der vor über viertausend Jahren stattfand. Ähnlich wie die Israeliten damals in der Nacht durch eine Feuersäule und am Tag durch eine Wolkensäule geleitet wurden, lässt sich nun der »Erleuchtete« von Gott durch die »Wüste des Lebens« leiten. Im Unterschied zu damals, geschieht diese Erfahrung jetzt nicht nur äußerlich sondern auch innerlich, dank der Gegenwart Christi in uns. Gott bringt Licht in unser Leben, weil er Licht ist. Ist es deshalb verwunderlich, dass gerade Jesus von sich sagte: »*Ich bin das Licht der Welt*«? Christliche Erleuchtung geschieht in Bezug auf Christus.

Je mehr wir uns in seinem Licht bewegen, desto heller und verständlicher scheint uns unser eigenes Leben. Die Zeit, die wir im Gebet der Stille verbringen, ist auch eine Zeit, wo wir lernen, uns zu beobachten. Da beginnen wir manches anders zu sehen, als wir es bisher sahen, weil wir immer mehr lernen, unsere Motive und Gedankengänge vom Standpunkt Gottes aus zu betrachten. Natürlich kann dies nur in enger Beziehung mit dem Hören auf die Worte der Heiligen Schrift geschehen. Aber was kann uns Besseres widerfahren? Jesus redet darum von einem »*Kommen in sein Licht*«, wobei der Gott Suchende die Wahrheit über sich selbst und sein Leben nicht scheut, weil jeder, »*der die Wahrheit tut, zum Licht kommt, damit offenbar wird, dass seine Werke in Gott getan sind*«[22].

Hat das Dasein im Licht nicht etwas Faszinierendes an sich? Durch das Loslassen von Hindernissen und die Entfaltung unserer Gaben erlangt unser Leben eine neue Qualität, die unserer eigentlichen Bestimmung entspricht. Es ist ein Prozess, in dem der Beter in den allermeisten Fällen stufenweise geführt wird und vorwärtskommt.

Zum Nachdenken

– *Inwiefern stützt sich Ihr Glaube auf Erfahrungen, die Sie selbst gemacht haben oder auf übernommene Meinungen und Ansichten?*
– *Können Sie Gott erlauben, durch sein Evangelium an Ihnen Umwandlungsprozesse vorzunehmen?*

Im Schauen verwandelt werden

Nicht eine meditative Technik löst die Verwandlung aus, sondern Gottes Handeln an uns, wobei wir unseren Blick auf Christus richten. Was wir anstreben in der Stille, ist deshalb nicht eine pure Gedankenlosigkeit, sondern eine Stille, wort- und gedankenlose Betrachtung Jesu! Unsere »Stille Zeit« muss nicht mit »Zweck und Erfolg« in Zusammenhang gebracht werden. Friso Melzer sagt mit Recht: »Wer im Blick auf die Meditation so fragt, wer die (befriedigende) Antwort zur Voraussetzung seiner Entscheidung machen wollte (ob meditieren oder nicht): der wäre nicht fähig zu meditieren. Wollte er sie dennoch versuchen, so blieben seine Bemühungen ohne Frucht ... Hat die Meditation keinen Zweck, so hat sie doch Sinn. Bietet sie auch keinen Erfolg, so beschert sie doch Frucht.«[23] Was also allein gilt, ist die Suche nach der Nähe Christi und seinem Willen. Darum auch die ständig wiederholte Hingabe an ihn, die sich befreiend auf unser Leben auswirkt. Was daraus resultiert, ist unzählige Male wertvoller als alles, was wir aus eigener Kraft hervorbringen. Während wir stille werden, loslassen, »*suchen wir sein Angesicht*«[24]. Und was sehen wir? Das Bild des Gekreuzigten, der sich ganz »entäußerte« und sich mit uns derart identifizierte, dass er bereit war, unsere Schuld auf sich zu nehmen. Nicht umsonst heißt es: »*Er war den Menschen gleich und der Erscheinung nach als Mensch erkannt.*«[25] Das Gebet der Stille ist zutiefst von der Hingabe Christi geprägt, sodass auch wir im inneren und wortlosen Schauen uns nur mit seiner Haltung identifizieren wollen! Wie er alles losließ um unseretwillen, so wollen auch wir im Schauen auf ihn alles loslassen.

In dieser Übung werden wir merken, wie er sein Angesicht über uns leuchten lässt! Was die innere Umwandlung des Menschen angeht, war man sich oft uneins über den Teil, den der Mensch zu leisten hat, und den Teil, den Gott tut. Sicher ist, dass Gott selber die erwünschte Veränderung, den Durchbruch der Gnade, durch seinen Geist vollbringt. Wo wirkliche Begegnung mit ihm stattfindet, schenkt er sein Heil.

Es ist dabei nicht einmal nötig, dass wir uns vorstellen, zu welcher folgenden oder »neuen« Stufe das Gebet uns führt. Kennzeichnend für das Gebet der Stille ist nicht, dass wir etwas »machen«, sondern dass wir wünschen, dass uns etwas widerfährt. Unser Teil ist lediglich die Abkehr von selbst gebastelten und abgründigen Wegen.

Der indische Mystiker Sadhu Sundar Singh beschrieb dies in einem Dialog zwischen einem Heiligen und einem Philosophen: »Einmal fragte der Philosoph den Heiligen: ›Glaubst du wirklich, dass du anderen behilflich sein kannst, indem du ruhig hier sitzt und betest?‹ Der Heilige antwortete: ›Nach meiner Meinung wirkt Gott in der Stille ... Um seine Stimme zu vernehmen, müssen wir in der Stille auf ihn warten. Dann, ohne Stimme und Worte, wird er zu uns in der Tiefe des Herzens reden. Weil er selbst Geist ist, spricht er auf eine geistliche Art, erfüllt die Seele mit seiner Gegenwart und erneuert sie.‹« Als der indische Mystiker einmal über seine theologische Ausbildung gefragt wurde, gab er als Antwort: »Wenn ich stundenlang in der Kontemplation[26] verbringe, finde ich Erleuchtung und Gott offenbart mir so viele Dinge, dass ich sie nicht alle in meiner Sprache ausdrücken könnte. Wir lernen etwas über Theologie, aber Er ist die Quelle allen göttlichen Wissens. In dieser Stellung kann ich innerhalb von Sekunden begreifen, wofür ich ansonsten Jahre bräuchte.«[27]

Scheint Ihnen das Ziel zu hoch gesteckt? Wenn eine Zeit lang nichts »Spezielles« eintritt oder wenn wir Rückfälle statt Fortschritte erleben, ist das Warten auf Gott, der nie zu spät kommt, angebracht. Wir müssen davon ausgehen, dass Gott seine Zeit mit uns hat und dass er zum Schluss bekommt, was er will; er wird mit uns das Ziel erreichen, das er erreichen will, vorausgesetzt, wir wollen es mit ihm erreichen. Bis es so weit ist, haben aber die meisten von uns viel nachzuholen betreffs Gottvertrauen, innere Heilung und praktischer Gehorsam gegenüber seinem Wort. Lassen wir uns auf

Gott ein, so dient oftmals ein Teil der Zeit unseres Lebens als Vorbereitung für das Wichtige, das noch bevorsteht. In diesem ganzen Reifungsprozess dient alles, selbst Rückschläge und Niederlagen unserem Fortschritt auf unserem Glaubensweg. Beschleunigen können wir diesen Prozess nur durch das Üben im Vertrauen und Hingabe an Christus. Johann Tauler betont: »Und sie wissen, dass Christus seine Zeit hat: Wann er wirken und sie erleuchten will, überlassen sie sich gelassen seinem Willen.«[28] Ja, Gott möchte uns schon alles auf einmal geben, aber wir brauchen Zeit, um uns für seine Gaben zu öffnen, um so, »durch unseren kleinen Beitrag, mit Gott zusammen die gegenseitige Liebesbeziehung zwischen ihm und uns aufzubauen, für die wir geschaffen sind«[29].

Fragen zum Nachdenken:
– Inwiefern haben Sie schon durch Gebet und Lesung der Heiligen
Schrift heilsame Veränderungen erfahren?
– Welche Veränderungen machen Sie gegenwärtig in Ihrem Charakter
und Ihrer Vertrauensbildung durch? Welche streben Sie an?

Die Früchte der Erleuchtung

Wir stellen grundsätzlich gewisse äußere Ähnlichkeiten unter Meditationsformen fest, die in den verschiedenen Kulturen praktiziert werden. Im Allgemeinen treten bei der Ausübung der Meditation ähnliche Zeichen auf. Eine tiefere Entspannung wirkt sich auf den Körper bei den meisten Meditanten aus, die nach den Regeln irgendeiner Form meditieren; d. h. Muskeln lockern sich, der Blutdruck normalisiert sich, Herzfrequenz und Atem werden ruhiger. Man beobachtet insgesamt auch, dass der Meditant ausgeglichener und fähiger wird, in Stresssituationen mehr Ruhe zu bewahren.

Befreiend wirkt sich auch das Gebet der Stille auf die ständigen und im Gebet immer wiederkehrenden Zerstreuungen aus; sie sind nämlich ein nicht zu unterschätzendes Hindernis in unserem Wunsch, auf Christi Wort zu hören und Fortschritte in unserem geistlichen Leben zu erzielen.

Wenden wir uns der Freisetzung unseres Willens zu. Wenn wir uns Christus zukehren und ihn in der Stille suchen, so können die Reize der Außenwelt auf uns nicht mehr derart einwirken, dass sie uns in Beschlag nehmen. Gewöhnlich, wenn wir einer Versuchung erliegen, verbindet sich unser Herz mit dem Objekt der Versuchung. Es wird derart davon in Beschlag genommen, dass unser Wille wie ausgeblendet, bzw. geblendet wird, und so die Versuchung die Kontrolle über unser Gemüt und Denken übernimmt. Nun hat ja die Versuchung ihre Wurzeln in uns selbst, wie die Bibel es sagt[30]; aber je mehr wir Christus in der Stille suchen und nachfolgen, desto weniger werden wir denken und handeln entsprechend den Vorstellungen, welche die Reize von außen in uns wecken können.

Wer sich auf diesen Prozess nicht einlässt, spürt nur ansatzmäßig, wie »unvollkommen« er ist, und seine Entfernung von Gott stört ihn meistens zu wenig, als dass er Änderungen an sich vornehmen möchte. In vielen Fällen scheint der Wille Gottes sogar wie verschleiert, während unser eigener Wille gelähmt ist. So sehen wir nicht ein, was wir versäumen, wenn wir Christus nicht nachfolgen, und wir trauern wenig oder gar nicht um die Zeit, die wir verschwenden und um die Kräfte und Chancen, die wir ziellos verschleudern und verpassen. Ebenso fragen wir nichts nach den Auswirkungen, welche diese Haltung nach sich zieht. Oft identifizieren wir uns sogar mit Gedanken, Absichten und Taten, die wir zwar behaupten ablehnen zu wollen, aber deren Einfluss wir uns im Grunde gar nicht zu entziehen bereit sind! So geht es uns beim Fernsehen. Wir akzeptieren sprachlos und passiv den Einfluss des Mediums, auch wenn wir vorgeben, die uns vermittelten Botschaften nicht zu bejahen. Es gehört zum Wesen der Sünde, dass sie uns zuerst und vor allem die Sicht für die Wirklichkeit und unseren Scharfsinn raubt, ohne dass wir uns dessen bewusst sind.

Die Ausrichtung auf Christus während des Gebets der Stille richtet sich gegen die geistliche Lethargie, die sich dadurch schleichend breitmacht. In der Stille wird der Meditant in die Lage versetzt, wo er sich selbst beobachtet und seiner eigenen Blindheit auf die Spur kommt. So beginnt er die Konsequenzen seiner Einstellungen und seines Verhaltens zu ermessen.

Es geht darum, dass wir in der Stille unserem Herzen die richtige Ausrichtung verleihen und es in einer wortlosen Haltung dem Wirken Christi aussetzen. Die Auswirkungen dieser Übung auf das Gemüt ermutigen den Meditanten schon bald, dem Prozess mehr und mehr Raum zu gewähren. Er nimmt Fortschritte an sich wahr und merkt, dass diese Haltung eine bereinigende Auswirkung auf sein inneres Leben hat. Benedikt von Canfield schreibt der Liebe, die innerhalb dieser Beziehung entsteht, ein reinigende Funktion zu, »sodass dabei alle Unvollkommenheiten untergehen, erlöschen und zunichte werden«[31]. Während im inneren Konflikt, in die uns die Versuchungen hineinstürzen, der Wille oftmals neutralisiert wird, gerät der Meditant nun in die Lage, wo er die Kraft empfängt zu tun, was er schon längst tun wollte, nämlich den Willen Gottes.

Die Erfahrung zeigt, dass dieser Prozess je nach Beter mehr oder weniger Zeit braucht. Das Erkennen der Kräfte, die uns schaden, führt zwar zu mehr Selbsterkenntnis; dies bedeutet aber noch nicht den Sieg über sie. Unsere tatsächlichen inneren Verwandlungen geschehen meistens prozessartig, und Echtheit und Tiefe der daraus folgenden Änderungen werden erst im Laufe der Zeit an den Früchten erkennbar. Dabei wird der Meditant immer wieder auf die Gegenwart Jesu verwiesen, dem er mehr Raum verleihen will. Das Üben im Loslassen aller Dinge hilft ihm zu entdecken, wie nahe ihm Christus in Wirklichkeit ist. Meinte er früher, dass er ihn suchen müsse, so merkt er nun, dass es zuerst an seiner inneren Haltung liegt, ob er ihn wahrnimmt oder nicht, ist er doch immer bereit, sich uns zu offenbaren! Das Wort des Propheten Sacharja gilt geradezu als wegweisend: »*Kehrt euch zu mir, so will ich mich zu euch kehren!*«[32] Wartet Christus, der wie »schlummernd« an unserer Seite steht oder uns schon innewohnt, nicht darauf, bemerkt, angerufen und angehört zu werden? Erleuchtung geschieht, wenn der Meditant sich nichts anderes mehr wünscht als das, was Gott will, sodass Gott sich nicht mehr von unserem Wollen trennen muss[33], weil er mit uns rechnen kann.

Jesus geht es im Evangelium um engste Verbundenheit, sogar um geistliche Familienzugehörigkeit, wenn er sagt: »*Meine Mutter und meine Brüder und Schwestern, das sind die, die das Wort Gottes hören und danach handeln*«[34]! Es liegt ihm daran, dass wir den Weg bis zur Umsetzung des Gehörten schaffen. Er will mit jedem Geschöpf die Verbundenheit herstellen, die er mit den Worten umschrieb: »*Wer mich liebt, der wird mein Wort halten; und mein Vater wird ihn lieben, und wir werden zu ihm kommen und Wohnung bei ihm nehmen.*«[35] Unser Hören soll also durch kein voreingenommenes Gedankengut oder negative Haltung eingeschränkt werden.

Das Gebet der Stille bietet den Rahmen, in dem diese Entscheidung zum Gehorsam eingeübt wird durch die Herzenshaltung. Ist das Wort »Gehorsam« heute im geistlichen Bereich praktisch vergriffen, so verdient es doch, im Bezug auf die Nachfolge Jesu aufgewertet zu werden. Im Blick auf Christus bedeutet Gehorsam den freiwilligen Akt, wo wir uns entscheiden, unseren Willen dem Willen Jesu anzuschließen. Dies aus der Erkenntnis heraus, dass es keinen besseren Weg für uns gibt als den seinen.

Kommt dies zustande, so müssen wir uns nicht mit schädlichen Gefühlen oder negativen Gedanken identifizieren, weil wir daran sind, die Freiheit zu erlangen, die es uns ermöglicht, den Willen Jesu uns zu eigen zu machen. Vorbei ist die Zeit, wo wir es nötig hatten zu sagen: »Ich habe Angst«, »Ich kann mich nicht von meiner negativen Grundstimmung lösen«, »Ich muss das Böse tun, auch wenn ich es missbillige«, oder »Ich hasse«. Schaffen wir es sonst nur mit Mühe, uns Gottes Wort unterzuordnen, sodass wir auf viel zusätzliche klärende und erbauliche Literatur zurückgreifen müssen, um unser geistliches Leben zu beleben, so wird uns nun in der Stille ein Weg mit dem Wort gebahnt.

Dieses tägliche Erlebnis in der Stille erlaubt uns immer wieder, im Alltag in den Zustand zurückzufinden, den wir erlebten, als wir uns im Gebet der Stille Gott anvertrauten. Es handelt sich um einen Zustand, zu dem wir selbst unter dem Druck vieler täglicher Ereignisse und Eindrücke immer wieder zurückfinden. Sicher braucht es da Übung, und es spielen auch Faktoren wie Müdigkeit und die Macht der alten eingefleischten Denk-und Verhaltensmuster eine Rolle. Wir werden auch trotz aller Fortschritte fehlerhaft und von der Gnade Gottes abhängig bleiben.

So ist die Frucht der Erleuchtung vielseitig. Je mehr wegfällt, was uns hindert, Christus mit unserem geistlichen Auge zu sehen und zu hören, desto mehr merken wir, wie er bereit ist, an uns zu handeln. Teresa von Avila sagt deshalb mit Nachdruck: »Es ist wirklich sehr wichtig, dass Seelen, die das innere Gebet beginnen, gleichzeitig anfangen, sich darin zu üben, sich von aller Art der Befriedigung loszumachen.«[36] Damit meinte sie nicht einen Verzicht auf Dinge, die unsere Lebensfreude und die Freude am Zusammenleben mit anderen Menschen ausmachen, sondern eben die hemmenden und bremsenden Dinge. Den Sieg über unsere inneren Feinde erringen wir am Besten dadurch, dass wir uns innerlich von ihnen abwenden und uns Christus zuwenden. Beides, Abwendung und Zuwendung, wollen in der Stille stets praktiziert werden. Unser Gebet ist zuerst und immer auch ein bewusster Akt der Hingabe an Christus und der Selbstverleugnung. Wir werden durch die immerwährende Erfahrung, dass diese Haltung uns stets einen Gewinn beschert, immer wieder motiviert werden, uns auf diesem Weg zu bewegen.

Warum erwarten manche schon etwas von einem kurzen, oft sogar unkonzentrierten Gebet und ein wenig Bibellesen und fragen sich, dass so wenig geschieht? Muss man sich wundern, dass der Glaube nicht mehr Auswirkungen auf das Leben hat, wenn er nicht von einer tiefen Einkehr begleitet wird?

Geschieht aber echte Einkehr, so merkt der Meditant, dass es sich lohnt, für Gott ganz da zu sein, weil er selbst ununterbrochen ganz für ihn da sein will. Die herkömmlichen, oft mangelhaften und verfälschten Vorstellungen von Jesus, die ihn als eine Art »lieben Kumpel« oder einen für uns unnahbaren Christus darstellen, der uns nur dienstbereit zur Seite steht oder unerreichbar ist, weichen vor dem beeindruckenden Bild eines barmherzigen und heiligen Gottes, der darauf wartet, mit uns das Leben, unsere Umgebung und die Welt besser zu gestalten. Tatsache ist, dass Christus immer gegenwärtig ist und darauf wartet, uns weiterzubringen.

Während des Gebets der Stille wird nun dem Meditanten durch tägliche und regelmäßige Begegnungen mit Gott ein Leben nach dem Willen Christi erleichtert. Er merkt, wie ihm Mittel zur Verfügung stehen, von denen er bislang wenig oder nichts ahnte. Hemmten ihn bisher Zerstreuung, Angst oder Müdigkeit, die von der Schwere seiner Gedanken herrührten und stets seine Kräfte und sein Denken lähmten, so kommt ihm jetzt das Bewusstsein der Nähe Gottes und das Verweilen in ihr zu Hilfe. Er wird das Wort viel eher in seinem Gedächtnis bewahren, und sein Denken und seine Entscheidungsfreiheit erleben eine gewisse Freisetzung. Überhaupt, er fühlt sich nun nicht mehr irgendwelchen Zwängen oder Ängsten ausgeliefert, da er sich nur noch Christus gegenüber verpflichtet fühlt. So kann der Meditant beginnen, bisher ungebrauchte oder falsch verwendete Energie für die Entwicklung einer Vision und seiner Lebensaufgaben einzusetzen. Es ist erstaunlich zu sehen, welche Fantasie und Energie Christen entfalten, die so einen Umgang mit Christus pflegen und sich den Wirkungen seiner Gegenwart und seines Wortes aussetzen!

Zum Nachdenken:
– Wie viel »geistliches Licht« lassen Sie täglich in Ihr Leben eindringen?
– Wie schätzen Sie Ihre Nähe zu Christus ein?
– Welche Mittel setzen Sie ein, damit Worte der Heiligen Schrift Ihr Denken, Reden und Handeln beeinflussen können?

Christliche Selbstverleugnung ist nur der Anfang göttlicher Erfüllung.
Sie ist nicht zu trennen von der inneren Umkehr unseres ganzen Wesens
von uns selber fort hin zu Gott.[37]   Thomas Merton

II. Der Aufbruch

Mein geistliches Leben gewann an Tiefe

Das Gebet der Stille ist geeignet für Menschen, die einen tieferen Glau-
ben wünschen und in der Nachfolge Christi wachsen wollen. Immer wie-
der fragte ich mich: Wie soll ich mich noch weiterentwickeln im Glauben
und wie wird sich mein Leben mit Christus in Zukunft gestalten?

Ich hätte nie gedacht, dass ausgerechnet eine Gebetsform, die derart mit
Stille verknüpft ist, mich auf die Spur bringen könnte. Als ich begann,
merkte ich schon bald, wie sehr sich meine Gemeinschaft mit dem drei-
einigen Gott auf besondere Art vertiefte. Ich stellte fest, dass die Verspre-
chen, die über das Gebet gemacht werden, mit meiner Erfahrung über-
einstimmen. Ich erfuhr neu, was es heißt, Gott als Vater kennenzulernen
und sich nach dem Willen des Geistes Gottes auszurichten.

Wichtige Dinge, die mir schon immer vertraut waren, aber denen ich
wenig Beachtung schenkte, begannen für mein Leben wichtig zu werden,
dazu zählten der innere Friede, innere Freude und die Gerechtigkeit Got-
tes. Mir wurde neu bewusst, welche Kraft ich eigentlich im Glauben besaß.

Etwas startete allmählich in meinem Leben. Mein Glaubensleben
gewann an Festigkeit. Und je mehr ich mir das Gebet zur Gewohnheit
machte, desto mehr Freude bekam ich an den täglichen Begegnungen
mit Gott. Ich lebte auf und gewann eine noch nie dagewesene christli-
che Freiheit. Ich erzähle seither immer wieder Menschen von der Kraft
und dem Gewinn, zu der mir das Gebet der Stille verhilft. Es ist schwer
in Worte zu fassen, was mein Leben dadurch alles gewonnen hat.

S. S. Mohanty, Bhubaneshwar

Schattenseiten verlassen

Über die Schattenseiten unseres Leben lässt sich viel sagen. Wir nehmen sie auf ganz verschiedene Weise in Ängsten, Versagen, Sorgen und negativem Denken wahr. Sie sind im Grunde genommen nur der Ausdruck einer inneren Verlorenheit, die auch eine negative Grundstimmung erklärt. Nicht selten ist ein Hang zu süchtigem Verhalten mit dieser Grundstimmung in Zusammenhang zu bringen.

Natürlich schreiben wir unsere innere Unruhe äußeren Einflüssen zu. Wir sind meistens innerlich zu wenig ausgerüstet, um unsere Schattenseiten, die man auch Finsternis nennen könnte, zu bewältigen. Wir können sie oft ja nicht einmal beim Namen nennen. Mehr noch, wir finden uns sogar mit ihnen ab oder identifizieren uns mit ihnen, als würden sie zu unserem Leben gehören. Sie scheinen auch einen endgültigen Sieg davonzutragen, wenn wir sie als Teil unserer Persönlichkeit akzeptieren und glauben, an unserer Lage nichts mehr ändern zu können. Dann könnten wir in unserer Ohnmacht noch eine »Tugend« aus einer Untugend machen, da es uns leichter fällt, uns mit einem scheinbar übermächtigen Feind anzufreunden und sich mit ihm zu verbinden, als ihn zu bekämpfen! Unsere Gesellschaft handelt übrigens nicht anders, wenn sie bisher gesetzwidrige Handlungen, die außer Kontrolle geraten und beim Volk nicht mehr auf allgemeine Ablehnung stoßen, legalisiert. So glaubt sie, mindestens vorläufig das Problem aus der Welt zu schaffen.

Das Schöne ist, dass wir immer zur inneren Umkehr eingeladen sind, weil keine Situation unveränderlich ist. Während der Zeit der Stille keimt in uns eine Hoffnung, ausgelöst durch die Fähigkeit, die Gnade Gottes über unserer Leben walten zu lassen; dabei spüren wir, dass Gott etwas anderes und Besseres mit uns vorhat, im Gegensatz zu unserem ständigen Abmühen mit unseren Schattenseiten, die immer wieder zur Sünde führen können. Im Loslassen und in der Zuwendung zu Christus bekommen wir einen Blick für die unerschöpflichen Möglichkeiten, zu denen uns der Geist Gottes Zugang verschafft.

Aber wie dringen wir zum Licht vor und wie verschaffen wir uns Zugang zu mehr Selbst- und Gotteserkenntnis? Das Gebet der Stille ist nicht zuletzt auch eine Begegnung mit dem eigenen Unterbewusstsein. Begegnungen mit Gott machen uns fähig, »etwas zu verstehen, was uns sonst verborgen bleibt, wenn wir nur im Denk-Bewusstsein erkennen wollen«.[38]

Während des Gebets der Stille gibt es praktisch immer einen Moment, wo uns eigene Schuld, Fehlverhalten und ungeläuterte Charakterzüge vor Augen geführt werden. In diesem Moment gilt nur die Rückbesinnung auf die Gnade Christi und seine Vergebung, wie sie ja auch in der Taufe dargestellt wird. Letzten Endes ist das bewusste Loslassen, um mit Christus den Weg gehen zu können, ein Beweis für das Sterben und das Mit-Christus-leben-Wollen.

Viele wundern sich, dass sie der Vergebung ihrer Schuld zu wenig sicher sind. Sie ahnen nicht, dass diese in der Tiefe des menschlichen Herzens angenommen werden muss, um wirksam zu werden. Wo Vergebung nur als Wunschgedanke gilt oder wo sie lediglich unsere intellektuelle Zustimmung bekommt, vielleicht im Rahmen einer traditionellen Liturgie, da kommt noch keine feste Gewissheit zustande.

Wiederum muss betont werden, dass wir keine Änderungen von der Gebetsform, sondern von Christus selbst erwarten. Wir beten so lange, bis wir spüren, dass eine Änderung zum Guten geschieht, wobei wir uns ganz auf die Gnade Christi verlassen. Zögert sich der Machtwechsel hinaus, so ist die Ursache nicht selten in unserem Verliebtsein in eine negative Grundstimmung oder eine Sünde zu suchen. Dabei sei gesagt, dass wir nicht von der Sünde reden, um den Menschen schlechtzureden. In dem, was die Bibel und Gott über die Sünde sagt, drückt sie ja nur die Liebe Gottes zum Menschen aus. Wie ungern gestehen wir uns ein, dass wir allein die Schuld für unsere Niederlagen und das Hinauszögern des Prozesses tragen!

Wir würden manche Niederlagen und Katastrophen in unserem Leben verhindern, wenn wir unsere Möglichkeiten und Chancen zu Veränderungen früh genug wahrnähmen! Der Verweichlichung der Charaktere, die durch den ständigen Einfluss von rücksichtslosen Medien bei vielen Menschen stattfindet, ist deshalb eine Konzentration auf das innere Leben und die geistlichen Möglichkeiten entgegenzusetzen. Dabei sind wir einig mit Thomas von Kempen, der sagt, dass »Schweigen und Ruhe« die besten Werkzeuge sind, um dieses Ziel zu erlangen.

Erinnern Sie sich an Situationen, wo Sie Gott baten, Ihnen zu helfen, seinen Willen zu tun, und dabei merkten, dass Sie keine Kraft besaßen, um ihn umzusetzen? In vielen Fällen lag der Grund darin, dass wir nicht wussten, wie wir in uns einkehren konnten, um Gott und seinen Geist an uns wirken zu lassen. Wir leben in einer Kultur des Verstandes, die uns den Zugang zum eigenen Herzen verwehrt und einen fruchtbaren Umgang mit dem Wort Gottes im Herzen erschwert oder gar verhindert. Eines der Ziele des Gebets der Stille ist die Zurückgewinnung von Innerlichkeit, welche nötige Veränderungen ermöglicht.

Tatsache ist, dass heute das Gebet, welches das beste Mittel ist, um unser inneres Leben zu erobern, in der westlichen Welt nur einen winzigen Platz im Leben der Menschen einnimmt. Viele haben sich daran gewöhnt, ihre Spiritualität auf Sparflamme zu leben, und investieren im besten Fall gerade die Zeit, die es braucht, um sich geistlich über Wasser zu halten. Man redet gerne von dem christlichen 5-10-Minuten-Gebet. Grundsätzliche Änderungen aber brauchen dauerhafte, vertiefte und täglich wiederkehrende Begegnungen mit Christus und seinem Wort, besonders wenn wir eine Vision für unser Leben entwickeln wollen.

Fragen zum Nachdenken:
– Gibt es Dinge, die sich störend auf Ihr Leben auswirken und solche, die Sie längst aufgehört haben zu bekämpfen, weil Sie keine Chance sehen, um etwas daran zu ändern?

- *Spüren Sie in sich eine Grundstimmung, die Sie quält und Sie schwächt?*
- *Muten Sie Gott zu, dass er Veränderungen herbeiführen will, nach denen Sie sich sehnen?*

Entscheidungen treffen

Unser Glaube und unser Werdegang werden hauptsächlich durch Entscheidungen bestimmt und vorangetrieben. Im Alltagsleben mögen wir manche Versäumnisse ertragen, ohne dass dies unseren Lebenslauf grundsätzlich beeinträchtigt. Ganz anders verhält es sich mit dem Hinausschieben oder dem Unterlassen von wichtigen Lebensentscheidungen, wie: Für was will ich leben? Was soll meine Gesinnung prägen? Welches Lebensziel will ich verfolgen? Ist es nicht oft so, als wären wir uns der Tragweite des Unterlassens von wichtigen Entscheidungen nicht bewusst? Noch weniger merken wir, dass wir uns in einer »Kampf- oder Kriegssituation« befinden, aus der wir als Sieger oder Verlierer hervorgehen könnten.

Viele von uns haben einen derartigen Medienkonsum, dass sie ihr Leben als eine Art lustigen Film betrachten, in dem nur Spannung und Spaß vorzukommen brauchen. Da gleicht selbst das Sterben und was danach kommt, einem nicht ernstzunehmenden Risikospiel, auf das wir ohne zu zögern eingehen. Sie merken nicht, welch negative Auswirkung diese Haltung auf ihre Einstellung zum Leben hat, und auch nicht, dass sie wichtige Fortschritte verpassen. Sagen wir es so: Unter diesen Umständen erkennen wir den Ernst der Dinge nicht mehr und bagatellisieren wesentliche biblische Aussagen nur, weil wir zu wenig entschieden sind!

Was braucht es, damit wir die nötige Kraft aufbringen, um diese Entscheidungen zu treffen? Jeder von uns hat ja schließlich ein eigenes Szenario für seinen »Lebensfilm« zu schreiben; dazu sind stets Entscheidungen fällig, wenn wir wollen, dass unsere Lebensgeschichte sich nach Gottes Plan »abspielt«.

Tatsache ist, dass wir nicht immer über genügend Energie verfügen, um die fälligen Schritte zu tun, die uns Gott näher bringen würden. Während der Zeit der Stille wird nun der Meditant neu mit der Wichtigkeit der Ausübung seines Willens konfrontiert. Wenn wir uns nicht ummittelbar verändern können, so können wir doch den Rahmen schaffen, wo sowohl unser Wunsch nach Veränderung als auch unsere Sehnsucht nach Gott wächst.

Da kann es vorkommen, dass wir an fällige Entscheidungen erinnert werden, die automatisch die ersehnte Erfüllung von Verheißungen Gottes mit sich bringen. So kann z. B. die Verheißung, dass wir die Gewissheit des ewigen Lebens erlangen, nur eintreten, wenn wir Vergebung für unsere Lebensschuld annehmen und uns zur Nachfolge Christi entscheiden; geradeso tritt der von Jesus verheißene Friede nur ein, wenn wir uns konkret auf ein schlichtes und treues Hören auf Christi Wort einlassen.

Die Konfrontation mit Grundentscheidungen bleibt uns nicht erspart. Es gibt Situationen, wo wir wie das Volk Israel mit der Entweder-oder-Frage konfrontiert werden. So forderte der Prophet Elia sein Volk mit den Worten heraus: »*Bis wann noch wollt ihr auf den zwei Ästen hüpfen. Ist er der Gott, so geht ihm nach, ist's der Baal, geht ihm nach!*«[39] Ähnliche Entscheidungen, welche die Israeliten zwischen Gottesverehrung und dem damaligen Baalskult treffen mussten, sind auch in unserem Leben immer wieder fällig. Nur sollte es uns heute leichter fallen, die richtigen Entscheidungen zu treffen, da uns Gott durch seinen Geist und sein Wort viel näher steht als den damaligen Menschen. Was uns dabei helfen wird, ist unsere Sehnsucht nach ihm und seine Führung.

Die Antwort auf die Entweder-oder-Frage stellt sich auch uns in Bezug auf unser ganzes Leben und betrifft unser alltägliches Denken und Handeln. Gottes Nähe wird da erlebbar, wenn wir in der Stille unsere Entscheidungsfähigkeit nutzen, um uns für sein Wort zu entscheiden, wenn es um Eifersucht, Habgier, Trägheit, unreine Gedanken, Hochmut usw. geht.

Die ersten Kapitel der Bibel zeigen bereits, dass Christus uns nähersteht, als wir selbst es uns sind. Die Wahrnehmung seiner Nähe und die Nähe zu uns selbst ist der Schlüssel für die Entwicklung unserer Entscheidungsfähigkeit. Dort sagt Gott zu Kain, der in Gefahr steht, sich in die Gefangenschaft seiner Eifersucht zu begeben: »*Wenn du gut handelst, kannst du frei aufblicken. Wenn du aber nicht gut handelst, lauert die Sünde an der Tür, und nach dir sucht ihre Begier, du aber sollst Herr über sie werden*«.[40] Es macht also wenig Sinn, unsere eigene Verantwortung in Sachen Entscheidungsausübung herunterzuspielen. Tun wir das, so tritt die Lösung in weite Ferne und wird nur noch weniger greifbar.

Es geht um einen freien Raum, den wir auszunützen haben. Wir bezeichnen diesen Raum, den es zwischen jeder Versuchung und unserer Reaktion auf sie gibt, als »freien Willen«. Je nach Kindheit, Jugendzeit und Umständen, in denen wir aufgewachsen sind und leben, ist unser Spielraum in der Ausübung dieses freien Willens mehr oder weniger groß.

So besteht der Zweck des Gebets der Stille u. a. darin, dass wir lernen, diesen Spielraum immer mehr zu nutzen. Öffnen wir uns willentlich täglich neu der Gegenwart Christi, bis wir es schaffen, die tiefste Wahrheit des christlichen Glaubens über unser Leben anzuerkennen: *Christus ist Gott und Herr!* Dieses Bekenntnis, das der Apostel Thomas als Erster aussprach, wirkt sich automatisch auf unser Leben aus, wo es aus dem Tiefsten unseres Inneren heraussprudelt. Ob es uns gelingt, es umzusetzen, ist zuallererst in unserer Charakterbildung erkennbar. Fromme Wünsche sind zwar gut gemeint, aber sie sind oft nur im Bereich unseres Wunschdenkens einzuordnen. Maßgebend ist letzten Endes nicht, was wir behaupten oder wünschen zu sein, sondern allein nur, was wir de facto in Christus sind und werden. Daran erinnerte Jesus stets.

Unsere Zukunft wird somit nicht mehr entschieden durch das, was andere Menschen und Umstände aus uns und mit uns gemacht haben, sondern durch die Entschlüsse, die wir jetzt zu fassen bereit sind, und durch Christus, der uns darin beisteht. Begeben wir uns in die Abhängigkeit Gottes, so erfüllt sich die Verheißung des Apostels: »*Der Gott aller Gnade ... wird euch stärken, kräftigen und auf festen Boden stellen.*«[41] Ist es nicht Zeit, die Funktion und Wichtigkeit unseres Willens neu zu entdecken und die Entscheidung zu treffen, uns zu lösen von allem, was uns bremst?

Fragen zum Nachdenken:
– *Welche wichtigen Entscheidungen, die Sie aufgeschoben haben, sind in Ihrem Leben noch fällig?*
– *Welche Versuche haben Sie schon unternommen, um diese Entscheidungen zu treffen? Hindert Sie etwas daran, einen neuen Anlauf zu wagen?*
– *Inwiefern fühlen Sie sich frei, Ihren Willen frei auszuüben, um das Gute für Gott zu tun?*
– *Was half Ihnen bisher, Christus nachzufolgen?*

Sich Zeit nehmen

Damit wir die richtigen Entschlüsse fassen und lernen, zu unterscheiden zwischen unwesentlichen und wesentlichen Dingen, müssen wir innehalten. Der Zeitaufwand, den das Gebet der Stille fordert, kann für manche ein wichtiges Hindernis darstellen. Schenken Sie sich einfach diese Zeit! Jeder verfügt über die nötige Zeit und Möglichkeiten, um alles Nötige in Angriff zu nehmen, das ihn weiterbringt auf seinem Lebensweg. Befinden wir uns nicht in einer gefährlichen Situation, wenn wir meinen, keine Zeit für wichtige Entscheidungen und für Gott zu haben?

Große Änderungen werden meistens nur eingeleitet, wenn wir die Bereitschaft aufbringen, dafür Zeit zu opfern. Tendieren Sie im Alltag auch dazu, mit einem Fuß in der Gegenwart und mit dem anderen in der Vergangenheit oder in der Zukunft zu stehen? So sind wir z. B. während wir essen dabei, uns mit dem zu beschäftigen, was wir danach tun werden; wir merken dabei nicht einmal, dass wir es verpassen, die Mahlzeit zu genießen! Bei einem Gespräch bereiten wir schon unsere nächsten Sätze vor, während der andere noch redet; wir merken dabei nicht, dass wir die wahre Begegnung mit unserem Mitmenschen verpassen! Unsere manchmal »unkontrollierte« Betriebsamkeit stellt ein echtes Problem dar. Viele von uns sind oft Sklave und Opfer der Zeit geworden, und im Grunde genommen gehören wir mehr der Zeit, als dass die Zeit, die uns anvertraut ist, uns als Mittel zum Zweck dient. Wir tun zwar mehr, als in den Generationen vor uns möglich war, aber wir verpassen, das Wichtigste zu tun, wenn wir nicht Gott, unser Leben und unsere Nächsten an die erste Stelle setzen. Damit klammern wir sogar die Ewigkeit aus unseren Gedanken aus.

Im geistlichen Sinn heißt »sich Zeit nehmen« im Bewusstsein des Jetzt leben. Und weil Gott sich immer zuerst in der Gegenwart finden lässt, müssen wir ihn dort suchen. Er erscheint immer als der Gegenwärtige[42], der ist! Verpassen wir es durch eine falsche Haltung und Erwartung, ihm zu begegnen, wo er zu finden ist, so riskiert unser Leben, unter das harte Urteil der Worte Jesu zu fallen: »*Sie sollen mit ihren Augen sehen und doch nicht erkennen, mit ihren Ohren hören, aber nicht verstehen, damit sie sich nicht etwa bekehren und Vergebung finden.*«[43] Dies nur, weil wir das Angebot, das Gott uns in der Gegenwart macht, ausschlagen!

In der Gegenwart bestimmen wir, was unsere Vergangenheit, unsere Zukunft und die Ewigkeit für uns bedeuten sollen. Es ist der Moment, wo wir entscheiden, was wir aus unserem Leben machen wollen. Deshalb ist es nie zu spät, um das Wichtigste anzupacken! Ganz neu hören wir das Wort: »*Heute, wenn ihr seine Stimme hören werdet, so verstockt eure Herzen nicht!*«[44]

Nun ist der einfachste Weg, um in die Gegenwart Gottes zu gelangen, der Weg in die Stille. Ein gesunder Abstand, den wir zu Ereignissen, Ängsten und eigenen Wünschen durch die Stille erlangen, wird verhindern, dass wir zu deren Opfer werden. So werden wir immer genügend Zeit für das Wesentliche finden. Die Bereitschaft, Zeit für das Wesentliche aufzubringen, ist das Zeichen des Beginns einer wichtigen Umkehr, die vielen nötigen inneren Verwandlungen vorausgeht.

»Ich habe zu wenig Zeit«, hören wir immer wieder sagen. Wer die Bereitschaft für die Stille aufbringt, entlarvt die Farce, wenn wir z. B. unzählige Stunden mit Medienkonsum verprassen, dagegen nicht einmal gewillt sind, Zeit aufzubringen, damit die wahren und nützlichen Veränderungen an uns stattfinden. Die Übung des Loslassens im Gebet der Stille hilft uns, den Mut aufzubringen, den Umgang mit der Zeit neu zu definieren und Prioritäten zu setzen.

Wie schaffen Sie es, in Ihrem Tagesablauf Zeit für das Gebet der Stille einzuräumen? Für jeden Anfänger ist es gut, mit einer viertel oder halben Stunde zu beginnen und diese Zeit progressiv zu steigern. Sollte es uns morgens an Zeit fehlen, so ist es ratsam, sich abends früher zu Bett zu begeben, um ein rechtzeitiges Aufstehen zu ermöglichen. Der Entschluss, unserer Trägheit in diesem Punkt ein Ende zu setzen, führt zu einer entscheidenden Wendung. Unsere Bereitwilligkeit, täglich genügend Zeit für die Gemeinschaft mit Gott aufzubringen, ist sicher eines der wichtigsten Zeichen unserer Hingabe an Gott!

Wie alle Seelsorger musste ich schon zahlreiche Menschen bestatten. Bei manchen Menschen war sichtbar geworden, dass sie es verstanden haben, ihre Zeit sinnvoll zu nutzen, nachdem sie einen gewissen Grad an Selbstverleugnung erreichten. Das setzte in ihnen eine Schöpfungskraft frei, die sie für das Gute zu nutzen wussten. Andere dagegen, und dazu zählt leider die Mehrheit, vergeudeten ihre Zeit, ohne es zu realisieren. Sie verpassten es somit, die wichtigsten Lebensziele zu erreichen.

Persönlich erkannte ich es als maßgebendes Hindernis für meinen geistlichen Fortschritt, dass ich unfähig war, längere Zeit vor Gott stille zu sein. Daraufhin habe ich mich vor einigen Jahren entschieden, jede Woche die Hälfte der Zeit meines freien Tages der Meditation und der Stille zu widmen, um meiner geistlichen Trägheit ein Ende zu setzen. Ich verbrachte diese Zeit im Meditieren und Stillschweigen, bis ich spürte, dass die Bereitschaft, stille zu werden in mir auf keinen Widerstand mehr stieß. Mehrere Wochen vergingen, bis ich dazu bereit war. Seither betrachte ich die Zeit, die ich in der Stille verbringe, nicht mehr als Verlust, sondern als absolut notwendig, um meinen Weg mit Gott gehen zu können.

Die Zeit, die uns geschenkt ist, ist ein Zeichen für Gottes Geduld. Wilfrid Stinissen sagt mit Recht: »Gott erschafft uns nicht so, dass wir notwendigerweise und automatisch mit Ja antworten. Was wäre solch eine Liebe wert? Er will, dass wir uns freiwillig für eine Antwort entscheiden. Er wartet auf unser Ja. Die Zeit ist die Ausdehnung und Länge dieses Wartens. ›Willst du?‹, fragt Gott und gibt uns ›Zeit‹, für ein Ja zu reifen ... ›Siehe, ich stehe an der Tür und klopfe an.‹ Dass er an der Tür steht und dort wartet, ist gerade das, was die Zeit ausmacht ... Dadurch, dass er uns Zeit gibt, zeigt er uns, wie viel Wert er auf unsere Antwort legt.«[45]

Fragen zum Nachdenken:
- *Was nimmt Ihre Zeit und Energie am meisten in Anspruch?*
- *Schaffen Sie es, zu den wichtigen Dingen zurückzukehren, wenn Sie sich in Zerstreuung verloren haben?*
- *Wie viel Zeit bringen Sie gegenwärtig täglich auf, um mit Gott allein zu sein?*
- *Zu welchem Zeitopfer sind Sie bereit für die Begegnung mit Gott?*

»Mache dich auf und werde licht!«

Es geht um ein »Sich-Aufmachen«. Der mittelalterliche Prediger Johannes Tauler unterstrich die Notwendigkeit dieses Aufbruchs in einer Predigt über Jesaja 60,1, wo er seine Zuhörer ermutigt, sich erleuchten zu lassen.

»Wir sollen uns aufmachen – und zwar im zwiefachen Sinne des

Wortes: Wir sollen uns erheben und vorwärtsschreiten und mit jedem Schritt mehr uns von allem in uns und um uns lösen und entfernen, das nicht Gott ist, auch von uns selber. Und wir sollen uns innerlich aufschließen und offen halten für den Aufgang des göttlichen Lichts und uns gänzlich von Gott und seinem Willen erfüllen und leiten lassen. Dieser Aufforderung folgen die Menschen auf zweierlei Weise: Die ersten kommen mit ihrer natürlichen Geschäftigkeit und bestimmten Vorstellungen und hohen Zielen und sehen nicht, dass sie sich eben damit in ihrem innersten Seelengrund und Wirken Gottes verschließen … Das Verlangen der Seele stillen sie dadurch, dass sie die Kräfte und Gesetze des inneren Lebens zu verstehen versuchen, um durch deren Beachtung Frieden zu finden. Etliche versuchen, durch ihre eigenen Weisen und Methoden, durch Gebet, Meditation oder bestimmte Praktiken und Übungen, die sie anderen nachmachen, ihren inneren Grund für die Lichtwerdung zu bereiten und so zur Erleuchtung und zum Frieden zu finden … Dass aber dieser Friede, selbst wenn sie ihn gewonnen haben, ein Wahn ist, erkennt man daran, dass sie in ihren Fehlern verbleiben: in ihrem Urteilen und Herrschen über andere und ihrem Rechthabenwollen, in der Befriedigung ihrer Lüste. Täte man ihnen etwas, antworten sie mit … Ungefälligkeiten oder Hass. Diese und andere Untugenden verbleiben ihnen – mitsamt ihrem Willen, der herrschen will.«[46]

Was Tauler entlarvt, ist nichts anderes als die im Voraus verurteilten Versuche, Frieden außerhalb von Christus und uns zu finden. Jesus selbst hat Selbstverleugnung immer als den weithin besten Weg zum Glück angepriesen. Er selbst ist es, der zum Frieden verhilft, und nicht die Stille an sich. Der vom Evangelium verheißene Friede wurzelt auch nicht in einem Gefühl, das aus dem Loslassen von ablenkenden Gedanken entsteht; er ist die Frucht einer inneren Haltung, die zutiefst mit Versöhnung mit Gott und Menschen zu tun hat.

Wie zahlreich sind doch die Menschen, die sich nach Frieden sehnen! Sie sind sich vielleicht keines groben Vergehens bewusst, aber leiden dennoch unter einer negativen Grundstimmung. Das Unzufriedensein mit dem eigenen Schicksal drückt auf ihr Gemüt und im Geheimen werden sie nicht selten von einem Suchtverhalten geknechtet. Frieden ernten wir alle nur dann, wenn unser Leben auch in unserer Grundeinstellung mit Gottes Willen im Einklang steht. Dazu bedarf es mehrerer Schritte, von denen wir keinen überspringen können. Mutter Teresa hat diesen Weg auf einleuchtende Art beschrieben:

Die Frucht der Stille ist das Gebet.
Die Frucht des Gebets ist der Glaube.
Die Frucht des Glaubens ist die Liebe.
Die Frucht der Liebe ist das Dienen.
Die Frucht des Dienens ist der Friede.

Während wir uns nach diesem so begehrten Frieden ausstrecken, sollte die Lust an der Hingabe an Christus zunehmen. Auf jeden Mangel an Friede, den wir verspüren, sollten wir mit dem Wunsch, Gott näherzukommen, reagieren. »Eben darum kann Gott nicht in ihrem Grund herrschen und aufleuchten, weil sie sich nicht wirklich aufgemacht haben. Sie müssen noch viel an sich arbeiten und lernen, sich zu lassen und Gott allein in sich wollen und wirken zu lassen.«[47] Tauler redet ganz bewusst vom Lernen, alles loszulassen in »unserem Grund«, d. h., in unserem tiefsten Wesen, da, wohin Gott nur mit unserem Einverständnis kommt, um Veränderungen vorzunehmen. Dazu bedarf es der Bereitschaft zur inneren Einkehr, zu welcher uns das Gebet der Stille verhilft.

Was bewirkt nun die eigentliche Veränderung: unsere Selbstverleugnung oder Gottes Geist? Anders gesagt: Wie könnte es Gottes Geist möglich sein, uns zu verändern und zu gebrauchen, wenn wir nicht zur Selbstverleugnung bereit wären? Beide sind unentbehrlich, da Nachfolge Christi ohne die Bereitschaft, das Kreuz auf sich zu nehmen, und das Wirken Gottes an uns, nicht denkbar ist. Wir hätten ein verzerrtes Gottesbild, wenn wir glaubten, dass unser Leben gut geraten könnte ohne »Kreuztragen«, da selbst für Jesus alles durch seine selbstopfernde Selbstverleugnung[48] geschah.

Zum Nachdenken:
– Inwiefern fühlen Sie sich fähig, in sich einzukehren, um nötige und fällige Entscheidungen zu treffen?
– Wie stellen Sie sich konkret Ihren Aufbruch vor? Sind Sie bereit, ihn in Angriff zu nehmen?

Kind Gottes sein

Geistliche Kindschaft und göttliche Vaterschaft sind Besonderheiten des christlichen Glaubens, die in anderen Religionen nicht anzutreffen sind. Weil wir in der Stille gerade auf das stoßen, was uns zutiefst innewohnt und bewegt, stoßen wir im Gebet der Stille auf Christus, der versprach, dass er in uns eintreten wird durch seinen Geist, wenn wir uns zu einem persönlichen Gehorsam ihm gegenüber entscheiden.

Klaus Berger beschreibt diesen Vorgang so: »Indem Gott auf neutestamentliche Weise Menschen zu seinen Kindern macht, stellt er eine Intimität und eine enge Verwandtschaft her, die das enge Verhältnis zwischen Eltern und Kindern zum Vorbild hat. Enger kann keine Beziehung sein, ähnlicher kann kein Mensch Gott werden, als indem er zu seinem Kind erwählt, ernannt, gemacht oder berufen ist.«[49]

Das Wort »Kind« wird von Jesus in diesem Zusammenhang mehrfach gebraucht, weil der Glaube an ihn damit beginnt, dass wir uns unserer Hilflosigkeit bewusst werden. Gestehen wir uns diese zu, so merken wir, wie wir meilenweit von den Erwartungen Gottes entfernt liegen. Deswegen reden wir von Sünde. Wir stellen fest, dass wir nicht einmal unter größten Anstrengungen seinen Anforderungen genügen. Die Ursache des Getrenntseins von Gott und deren Überwindung darf nicht verleugnet werden, wenn wir von unserer Annahme durch Gott und von Kindschaft reden. Die

Praxis des Gebets der Stille will uns zu jener Selbsterkenntnis verhelfen, die uns zu Jesus und in seine Abhängigkeit treibt, damit wir uns nicht in falschen Ausreden oder Anklagen verlieren. Mit diesem Schritt beginnen wir, uns der Dominanz unseres Ichs zu entziehen, welche uns immer wieder in die Quere kommt.

Uns mag dieser Wortschatz zum Teil vertraut sein, aber die Notwendigkeit einer Entscheidung für Christus in diesem Sinn bleibt leider oft unerwähnt oder wird bisweilen mit Skepsis betrachtet. Dies aber ist völlig »unevangelisch« (im Sinne der Evangelien) und unbegründet, wenn wir bedenken, dass diese Entscheidung für Christus eine unabdingbare Notwendigkeit für das Eintreten in das Reich Gottes darstellt.

Wo dieser Wunsch, »Gottes Kind zu sein« erwacht, geschieht das, was Klaus Berger schreibt: »Wer so weit gekommen ist, den kann Gott erwählen, denn ein solcher Mensch hat allen Dünkel abgelegt und kann Gott und sich selbst recht einschätzen: Er macht sich über die Größenverhältnisse keine Illusionen.«[50] Bernhard von Clairvaux betonte bereits, dass, obwohl es Gottes Willen entspricht, dass alle gerettet werden, das Heil nur mit Zustimmung des Menschen erlangt werden kann, da Gott niemandem sein Heil schenken wird, »bevor er nicht festgestellt hat, dass er es will«.[51] Gott zwingt ja niemand, zu ihm zu kommen, aber sobald der Mensch nur »bruchstückhaft beginnt, seine Leidenschaft auf ihn zu richten, zieht Gott ihn an sich«[52]. Die Annahme der Vergebung Gottes und die persönliche Zuwendung zu Christus bringen die große Wendung.

Das Bewusstsein unserer Gotteskindschaft ist ausschlaggebend. Nicht umsonst versuchte das Böse Jesus zuerst in seinem Selbstverständnis als Gottessohn in Frage zu stellen, beginnt doch jede Versuchung Jesu in der Wüste mit der Frage: »Bist du Gottes Sohn?« Das Böse wusste, dass Jesus auf jeder Ebene angreifbar würde, wenn er seine Verwurzelung in der Gottessohnschaft aufgäbe.

Nicht anders ergeht es uns. Selbst ein stark trainierter Wille wird letzten Endes nicht genügen, um den Anfechtungen, die immer auf unsere verwundbaren Stellen zielen, zu widerstehen. Die eigentliche Widerstandsfähigkeit gegen Versuchungen schöpfen auch wir aus dem Bewusstsein unserer Gotteskindschaft. Paulus bringt das klar zum Ausdruck, wenn er über den inneren Kampf des Christen schreibt: *»Welche der Geist Gottes treibt, die sind Gottes Kinder. Ihr habt nicht einen Geist der Knechtschaft empfangen …; nein, ihr habt einen Geist der Kindschaft empfangen, in dem wir rufen: Abba, Vater! Eben dieser Geist bezeugt unserem Geist, dass wir Gottes Kinder sind«.*[53]

Im Rahmen dieser bewusst gewollten Abhängigkeit, in die wir uns begeben, schenkt nun Gott auch ein bewusstes und resolutes Wollen und die Fähigkeit zum Vollbringen des Guten. Dabei findet eine Art »Verschmelzung« unseres Willens mit dem Willen Gottes statt. Die Frucht davon wird der viel ersehnte Friede sein!

Fragen zum Nachdenken:
– Auf welcher persönlichen Erfahrung und Erkenntnis ruht Ihre Gewissheit, dass Sie ein Kind Gottes sind?
– Freuen Sie sich über diese Gewissheit und inwiefern ist es Ihnen eine Hilfe?

Rückkehr zum vergessenen Herzen

Mit dem Wort »Herz« meint die Bibel die Mitte, das Innen oder Innere des Menschen. Von dieser Mitte aus leben wir, ob wir dies wahrhaben wollen oder nicht. Als Zentrum unseres Wesens ist das Herz in einer überwiegend kopflastigen Kultur meistens vernachlässigt. Es ist aber der Ort, »von dem aus ›ich‹ gesagt wird und ›du‹, es ist die Mitte der Person«[54]. Im Gebet der Stille werden wir unweigerlich auf diese Mitte aufmerksam, indem wir intuitiv lernen, unsere Gedanken unserem Herzen zuzuschreiben, sobald wir uns dazu entscheiden, den Fluss unserer Gedanken für eine beschränkte Zeit zu stoppen. Welche Gedanken auch immer auftauchen, wenn wir uns zur Stille entscheiden, sie offenbaren im Grunde nur den wahren Zustand unseres Herzens! Wir sind, was wir denken, auch wenn es uns schwerfällt, dafür geradezustehen! Wir würden oft über uns erschrecken und anders über uns denken, würden wir einsehen, dass diese oft merkwürdigen Gedanken, Ausdruck des Zustands unseres Herzens sind.

Deswegen wird das kontemplative Gebet schon sehr früh »Gebet des Herzens« genannt. Im frühen östlichen Mönchtum versteht man darunter: innere Sammlung, Loslassen aller Zerstreuung; man verknüpfte es mit der Anrufung des Namens Jesu und dem Aussprechen von Bibelworten. Mönche waren der Überzeugung, dass sie dadurch dem Geist Gottes Einkehr in ihr Herz gewährten[55].

Sicher führt uns die Stille, in der wir uns zu Jesus hintreiben lassen, zu tiefer Selbsterkenntnis, weg von jeglicher scheinheiligen Selbstgenügsamkeit! Dies geht Hand in Hand mit unserer Gotteserkenntnis.

Das Herz wird deswegen in der Bibel als Zentrum des Glaubensgeschehens und des Willens betrachtet. Es ist der Ort der Begegnung mit Gott und zugleich der Ort, wo der Mensch sich gegen Gottes Einfluss entscheidet.

Ist nicht die Geschichte unseres Lebens zum großen Teil die Geschichte der Entwicklung, der Siege und der Niederlagen, die wir in unserem Herzen davontragen? Liebe und Heil steuern unser Leben, aber geradeso unverarbeitete Kränkungen und ungestillte Sehnsüchte. Während die einen uns dazu bringen, uns Gottes Leitung anzuvertrauen, treiben die anderen uns unter die Herrschaft von Herren, die tausend Namen tragen. Müssen wir uns wundern, wenn die Letzteren uns irgendwohin führen, wo wir gar nicht hinwollen? Der immer wiederkehrende Spruch »Ich wollte es ja gar nicht so!« zeigt, dass es Kräfte gibt, die mächtiger sind als unsere Denkkraft. Das Böse ist eine ernst zu nehmende Wirklichkeit! Wir sind aufgefordert, im Loslassen unser Herz unter den Einfluss Gottes zu stellen.

Kehrt Gott aber in das Herz ein, so ist er uns näher, als wir es uns selbst sind! S. S. Singh beschreibt dies ausdrücklich mit den Worten: »Weder mit dem Verstand noch durch Anschauung, nur mit der Tiefe des Herzens können wir die Wahrheit finden ... um Jesus Christus zu erkennen, brauchen wir keine Buchweisheit: Nur unser Herz müssen wir ihm geben.«[56] Er wollte damit nicht den Einfluss der Heiligen Schrift einschränken, sondern meinte, dass alles biblische Wissen wenig nützt, wenn es nicht zur »herzlichen« Annahme des Wortes kommt. Die Rückgewinnung von biblischer Spiritualität geht deshalb Hand in Hand mit der Wiederentdeckung des eigenen Herzens und seiner spirituellen Funktion.

Zum Nachdenken:
– Welche Achtung schenken Sie den Gedanken Ihres Herzens?
– Inwiefern bemühen Sie sich, die legitimen Bedürfnisse Ihres Herzens zu befriedigen?

Gott allein suchen

Die tägliche Übung im Gebet der Stille soll uns immer klarer und deutlicher werden lassen, wer Gott für uns in Christus ist. Aber es kann im Bereich des Du-Gottes und dem eigenen Ich des Beters immer wieder zu Verwechslungen kommen. So kann es vorkommen, dass der Beter Eindrücke, die von seinen Gefühlen herrühren, mit der Stimme Gottes verwechselt. Das Gebet der Stille hilft uns auf dem Weg der Selbsterkenntnis, und weiter hilft es uns, zwischen eigenen Gefühlen und dem Du Gottes zu unterscheiden; denn während der Stille nehmen wir Abstand von der eigenen Gefühlswelt und versuchen, uns ganz dem Du Jesu zuzuwenden. Wo dies geschieht, fühlt sich der Meditant gedrängt, auf das Wort Gottes zu hören und es anzuwenden. Wenn Zerstreuung oder falsche Ichbezogenheit vorherrschen, so kann die Stille, wo wir uns von unserer Sehnsucht nach Gott und seinem Wort treiben lassen, uns helfen, zu Gott zurückzufinden.

Es ist aber dennoch nicht ausgeschlossen, dass der Beter Eindrücke empfängt, die bei ihm Spuren hinterlassen. Er sollte jedoch nicht versuchen, solche Erfahrungen durch eigene Anstrengungen herbeizuziehen. So interessant und geistlich sie auch scheinen mögen, er sollte vielmehr versuchen, sie loszulassen, da wirklich bedeutungsvolle Eingebungen ohnehin in irgendeiner Form wieder auftauchen werden. Die meisten Mystiker raten, dass man besonderen Offenbarungen und Visionen keine Beachtung schenken soll. So sagt Richard von St. Viktor: »Genauso wie Jesus auf dem Berg der Verklärung das Zeugnis des Mose und des Elias bekam, so sollten wir keiner Vision glauben, die nicht durch die Heilige Schrift bestätigt wird.«[57]

Hören wir hierzu, was Sadhu Sundar Singh über unsere Erwartungen an Gott im Gebet sagt: »Das Wesen des Gebets besteht nicht darin, dass wir etwas von Gott begehren, sondern dass wir unsere Herzen Gott öffnen ... Beten ist nicht Bitten, sondern Einigung mit Gott ... Beten ist nicht eine Anstrengung, um die von Gott notwendigen Dinge zu erlangen. Beten ist ein Verlangen, Gott selbst, den Urheber allen Lebens zu haben.«[58]

Die Echtheit unserer Erfahrungen im Gebet misst sich am konkreten Gehorsam, den wir gegenüber Christus aufbringen und am Dienst an den Mitmenschen, der daraus erwächst. Da kommt auch zum Vorschein, dass im Unterschied zu östlichen Religionen, im christlichen Glauben die Du-Ich-Beziehung im Zentrum des Gebets steht. Die Einmaligkeit unseres Glaubens ruht auf dieser Vater-Kind-Beziehung.

Im Gebet der Stille unterscheiden wir ganz klar zwischen einer Mystik, welche die Gegenwart Gottes im Menschen voraussetzt, bevor der Mensch überhaupt einen Entschluss für die Gemeinschaft mit Gott gefällt hat, von einem Zustand, wo der Meditant in einem lebendigen Dialog zu Gott dank Christus steht. Verwechslungen finden schnell statt, besonders, wenn wir uns mehr nach eigenen Gefühlszuständen, Bildern, Meinungen und Gedanken richten, als nach der Person Christi und seines Wortes selbst. Unterliegen wir dieser Versuchung, verstoßen wir dann nicht gegen das 2. Gebot, das uns das Anfertigen von Gottesbildern verbietet?

Das Gebet der Stille will zum Loslassen aller falschen Bilder verhelfen, damit wir auf das Bild Gottes, wie es uns in Christus, dem Gekreuzigten und Auferstandenen gegeben ist, stoßen. Hier sei etwas über die falsche Auffassung von Sakramenten gesagt. Sollten Sakramente wie Taufe und Abendmahl als Ersatz für persönliche Glaubensentschlüsse gehalten werden und somit diese überflüssig machen, so riskiert der Meditant sozusagen auf ein »zweites Ich«, aber nicht auf das Du Gottes, wie es uns in Christus erscheint, zu stoßen. Nur eine bewusste Konzentration auf Christus und sein Wort kann uns vor Abweichungen bewahren. Es geht nicht darum, dass wir Christus subjektiv durch eine Technik erfahren. Unser Hang, an eigenen oder überlieferten Bildern und Vorstellungen von Gott festzuhalten, führt früher oder später zwangsweise zu Enttäuschungen; letzten Endes zeugt dieser Hang immer von unserer Flucht vor dem persönlichen Gehorsam gegenüber Christus. Hier sei auch vor jeder Art von »Wohlfühlglauben« gewarnt, der statt konkreten Gehorsam eine gewisse Genugtuung im Bereich der Gefühle, der Emotionen und der Erlebnisse anstrebt. Diese Art des Glaubens wird uns auf die Dauer kaum einen beständigen Trost und Inhalt geben.

Aber wird je ein Meditant der Feststellung entgehen können, wenn er eines Tages entdeckt, dass er Gott »seiner selbst wegen, und nicht Gottes wegen« glaubt? Stellt er dies fest, so beginnt er über seine Beziehung zu Gott nachzudenken und er wird ihn allmählich nicht mehr um seinetwillen, sondern um Gottes Willen lieben wollen[59]. Oft kommen wir dieser Art von Verstrickungen nur durch das Gebet auf die Spur.

Im Prozess dieser Wahrnehmung ist es wichtig, dass wir nicht unterwegs steckenbleiben, weil wir uns sonst die Kritik gefallen lassen müssen, die Gott an die Israeliten richtete: »Als ihr fastetet ... habt ihr da für mich gefastet?« Wir verpassen unser Ziel, wenn wir zwar das Gute tun, es aber nicht in einer selbstlosen Liebe »um Gottes Willen« tun.

Die Zeit während des Gebets der Stille soll dazu dienen, uns zu helfen, wegzukommen von jedem vermeintlichen Kennen von Gott, das nur auf Wissen und nicht auf seinem Wort und Glaubenserfahrung beruht. Wir wollen uns auch nicht damit begnügen, nur bloße Worte der Bibel zu hören oder sie auswendig zu lernen, sondern wollen uns vor allem der Person Christi, die hinter dem Wort steht, ausliefern. Der Mystiker Miguel de Molinos sagt mit Recht: »Die Seele erlangt ihre Reife nicht in vielem Reden und Nachdenken über Gott, sondern indem sie ihn viel liebt. Erreiche diese Liebe durch eine perfekte Selbstverleugnung und durch innere Stille. Alles ist das Werk der Liebe Gottes.«[60] Die meisten Probleme, die in unserem Leben auftauchen, werden deswegen nur in der Begegnung mit Gott gelöst, dessen Liebe darauf wartet, von uns erwidert zu werden. Der Ort, wo dies geschieht, ist nicht der »Kopf«, sondern das Herz. Das Herz bleibt die Mitte, von wo aus sich das Leben richtig betrachten lässt.

Fragen zum Nachdenken:
– Bei welchen Gelegenheiten fühlen Sie sich Gott wirklich nahe und wissen Sie sich angesprochen durch sein Wort?
– Was tun Sie, damit dies geschieht?

Hätte ich damals erkannt, was ich heute weiß, dass in meiner Seele ein so großer König wohnt, ich glaube, ich hätte ihn nicht so oft alleingelassen. Ich hätte mich häufiger bei ihm aufgehalten.[61]

Teresa von Avila

III. Praktische Angaben zum Gebet der Stille

Von den Bettlern belehrt

Als aufrichtiger Anhänger der kommunistischen Partei war ich immer um das allgemeine Wohl der Unterprivilegierten besorgt. Dies, obwohl ich selbst in meinem Leben durch viele Schwierigkeiten und Nöte ging.

Eines Tages ging ich nach Kalighat, ein Ort, der besonders von Bettlern bewohnt ist. Ich wollte mit den Bettlern reden und mehr über ihre Lebensweise erfahren. Dabei hoffte ich, dass ich etwas für sie tun könnte. Als ich aber dort ankam, traf ich die Menschen anders an, als ich sie mir vorgestellt hatte. Ich wollte mehr über sie erfahren und sie baten mich, am anderen Tag wiederzukommen. Am nächsten Tag merkte ich, dass eine Hilfsorganisation sich der Bettler angenommen hatte. Sie machten mich mit Gott und der Bibel vertraut. In mir tauchte sofort der Wunsch auf, mein vergangenes Leben in Ordnung zu bringen. Meine neuen Freunde des Bartimaeusprojekts übergaben mir eines Tages das Büchlein über das »Gebet der Stille«. Sofort versuchte ich täglich anzuwenden, was darin stand. Die Praxis des Gebets verhalf mir zu einem glücklichen Glaubensleben.

Snehangshu Molla aus Kolkotta

Die Umgebung, in der das Gebet der Stille am einfachsten geübt werden kann, ist die Stimmung der Wüste, in Anlehnung an den Aufenthalt Jesu in der Wüste. Da kommt uns jeder Komfort abhanden, und die Zerstreuungen der Stadt bieten uns keinen Schutz und keine Zuflucht mehr.

1. Übergabegebet

Beginnen Sie mit einem Übergabegebet, in dem Sie klar Ihre Absicht kundtun, alles loslassen zu wollen, was Sie an der Nachfolge Christi hindert. Benützen Sie dazu z. B. das Gebet von Bruder Klaus:

> *Mein Herr und mein Gott,*
> *nimm alles von mir,*
> *was mich hindert zu dir.*

> *Mein Herr und mein Gott,*
> *gib alles mir,*
> *was mich fördert zu dir.*

> *Mein Herr und mein Gott,*
> *nimm mich mir*
> *und gib mich ganz zu eigen dir.*

Der Name Gott kann hier ohne Weiteres durch den Namen Jesu ersetzt werden. Dieses Gebet der Hingabe ist deshalb so wichtig, weil wir damit die Absicht kundgeben, mit der wir in die Stille eintreten wollen. Diese Absicht weist unserer Zerstreuung automatisch Grenzen zu und soll uns stets während der Stille begleiten. Entscheiden Sie sich deshalb zu Beginn bewusst für die Stille mit einem kurzen Gebet wie: *Ich lasse nun alle zerstreuenden Gedanken, Ängste, Erinnerungen und Gefühle los und will nur für dich da sein, weil du ganz für mich da bist. Wie du dich ganz entäußert hast, um unsere Errettung zu bewirken, so will ich alles loslassen, um dir ähnlicher zu werden und um für dich da zu sein.*

2. Schriftmeditation

Zu Beginn ist es sinnvoll, einen Bibeltext zu lesen. Hierzu empfi. es sich, einen Text direkt bei geöffneter Bibel zu betrachten. Auch. Hilfsmittel, wie die Meditationen zum Lukasevangelium von Karin Johne sind sinnvoll. Ziel dieser Zeit ist es, in einer Haltung der Offenheit und Empfänglichkeit herauszufinden, was Gott mir sagen will und wie mein Leben durch das Evangelium verändert werden kann. Es empfiehlt sich auch, den Bibeltext zu beten, bzw. mit Christus über sein Wort ins Gespräch zu kommen. Die Stille erleichtert uns das Hören auf das Wort und wir kommen Christus dadurch näher. Grundsätzlich schreiben wir alle eintreffenden Veränderungen dem Wirken des Heiligen Geistes und nicht der Methode zu.

3. Sammlung

Wählen Sie einen ruhigen Ort. Lärm von außen sollte vermieden werden. Regen Sie sich aber nicht auf, wenn es solchen gibt. Wählen Sie einen Zeitpunkt, wo Sie hellwach sind.

Sitzen Sie komfortabel. Am besten auf einem Stuhl oder einem Gebetsschemel. In allen Fällen vermeiden Sie, einen Buckel zu machen. Für das Gelingen der Meditation ist die körperliche Haltung des Meditierenden wichtig, da eine richtige Haltung vor Zerstreuung bewahrt.

Wählen Sie ein Wort. Wählen Sie ein Wort aus als Symbol für Ihre Absicht, in Gottes Gegenwart zu treten. Durch diese Absicht erhält das Wort einen »heiligen« Charakter. (Das Wort ist »heilig« wegen der Absicht, mit der Sie es verwenden.)

Mit diesem bekunden Sie Ihren Wunsch, in Gottes Gegenwart zu treten und sich seinem Willen zu fügen. Bitten Sie den Heiligen Geist um Hilfe für ein passendes Wort. Zum Beispiel: Herr, Jesus, Vater, Liebe, Frieden, Shalom, Gnade ... Es sollte ein einfaches Wort sein, das nicht mehr als zwei Silben beinhaltet und das Ihnen vertraut ist. Dieses Wort soll die Richtung der inneren Bewegung auf Gott hin angeben. Ändern Sie es nicht während Ihrer Meditation, weil Sie dann von der Stille abgelenkt würden.

Werden Sie stille. Diese Stille ist der Kern des Gebets. Es beinhaltet die ganze Öffnung ihres Herzens und Ihres Geistes gegenüber Christus. Schließen Sie die Augen, weil Sie sonst über das, was Sie sehen, nachzudenken beginnen. Verweilen Sie vor Gott in der Stille, bereit, alles zu empfangen, was er Ihnen geben will. Normalerweise taucht nach einer halben Minute des Schweigens ein neuer Gedanke auf, was Sie jedoch nicht beunruhigen soll.

Wann immer ein Gedanke auftaucht, rücken Sie das gegebene Wort in Ihr Bewusstsein. Der sanfte Gebrauch des Wortes hilft, die Gedanken loszulassen, alle Alltagssorgen fallen zu lassen. Tun Sie dies, bis Sie sich innerlich ganz Christus öffnen.

Schenken Sie Ihrem Atem keine Beachtung. Normalerweise ist unser Atem regelmäßig und flach. Während des Gebets der Stille schenken wir der Atmung im Gegensatz zu östlichen Meditationsformen wenig Beachtung.

Suchen Sie grundsätzlich während der Stille keinen Erfolg, sondern die Nähe Christi, indem Sie im Loslassen aller Dinge, die Ähnlichkeit mit ihm anstreben. Das schöne Gefühl nach einer gelungenen Übung verdient dabei kaum Beachtung gegenüber dem Wachstum der inneren Bereitschaft, Gott mehr dienen zu wollen. Vergessen wir nicht, dass im Loslassen das Kreuzgeschehen nicht aufhört, unser Vorbild zu bleiben. Halten wir daran fest, so wird uns die Liebe Gottes immer wieder neu offenbart werden. Seine Liebe ist uns nur im Rahmen einer immer größeren Identifikation mit dem Gekreuzigten zugänglich. Dafür bietet uns aber das Loslassen die beste Hilfe!

Wie gehen wir mit immer wiederkehrenden Gedanken um, die uns an unserem Fortschritt hindern?

Sobald als möglich üben Sie sich im folgenden Verhalten ein: Wird Ihnen während der Stille ein Fehlverhalten oder ein ungeläuterter Charakterzug vor Augen geführt, so sprechen Sie in der Tiefe ihres Herzens mit einem kurzen (drei bis vier Wörter) Satz, eine Bitte um Vergebung aus (z. B. Herr, vergib mir!). Versuchen Sie nicht, mit Gott ein Zwiegespräch über ihre Verfehlungen zu führen. Öffnen Sie sich vielmehr der Gnade, durch die Ihnen mit Hilfe des Geistes Gottes der Zugang zu Gottes Nähe gewährt ist.

Tauchen immer wieder ähnliche Gedanken oder Ängste auf, die Sie quälen und von denen Sie wissen, dass Sie Ihren Fortschritt aufhalten? Trennen Sie sich bewusst durch ein kurzes Gebet von ihnen. Hierzu ein Beispiel: Wird regelmäßig in ihnen durch die Worte oder das Benehmen einer Person ein Schmerz ausgelöst, so sprechen Sie ein kurzes Gebet wie: »Herr, ich lege diesen Schmerz bei dir ab!« Versuchen Sie auch da nicht, sich in ein Zwiegespräch mit Gott über ihr Leid zu verwickeln.

Je mehr Sie sich an das »stille sein« vor Christus gewöhnen, desto bewusster und ernster werden ihre Gebete. Der spontane Wunsch, viele Worte zu sprechen und zu wiederholen, um damit mindestens unbewusst die Erhörung des Gebets bei Gott erzwingen zu wollen, weicht vor der Gewissheit, dass Gott gegenwärtig ist und Ihr Gebet sowieso erhört. Vertrauen und objektiver Gehorsam sind wichtiger als viele Worte; dies gilt auch für das danach folgende Fürbittegebet.

Vergessen wir nicht, dass das Loslassen von Gedanken, die eine innere Schwere verursachen, nicht unbedingt bedeutet, dass wir ihr immer wiederkehrendes Aufkommen damit verhindern. Es braucht in allen Fällen eine immer bewusstere Trennung davon, begleitet von einer tieferen Entdeckung der Liebe Gottes zu uns und unserem Leben. Geduld ist angesagt. Es kann sein, dass der Meditant gut daran tut, die Hilfe eines Seelsorgers in Anspruch zu nehmen, wenn er keine Fortschritte verzeichnet.

4. Anbetung

Die Begegnung mit Gottes Heiligkeit erweckt den spontanen Wunsch nach Anbetung. Diese Phase wird oftmals Kontemplation genannt. Dieses Wort hat die gleiche Wurzel wie *templ* und ein Tempel ist per Definition ein Ort der Gegenwart und der Anbetung Gottes. Ziel des Gebets der Stille ist es, unser inneres Leben zu einem Ort der Begegnung und der Anbetung Christi umzugestalten.

5. Lesen Sie den Bibeltext, den Sie zu Beginn gelesen haben, ein zweites Mal durch.

6. Fürbitte

Bringen Sie Menschen und Anliegen in der Fürbitte Gott dar. Die Fürbitte fällt dem Meditant mit der Zeit immer leichter, sodass es ihm nicht mehr schwerfällt, lange Zeit darin zu verbringen. Er entgeht immer mehr unnötigen Wiederholungen und bringt stattdessen gezielt und konsequent seine Anliegen Gott dar.

Die Zeitdauer des Gebets
Die meisten Beter brauchen 20 bis 30 Minuten, um zum inneren Schweigen zu kommen. Die Dauer sollte normalerweise begrenzt sein. Durch Erfahrung findet jeder heraus, wie viel Zeit er hierzu braucht. Es ist empfehlenswert, nach Möglichkeit zwei solcher Gebetszeiten an jedem Tag einzurichten. Die Zeiten frühmorgens und mittags sind am besten dazu geeignet. Die vollzogene Hingabe an Gott ist sicher wichtiger als die Dauer; aber es kann durchaus sein, dass die Tiefe der Hingabe eng zusammenhängt mit der Bereitschaft, Zeit mit Gott zu verbringen. Man kann nur jedem Meditanten wünschen, dass er eines Tages feststellt, dass Gott sich nach nichts mehr sehnt, als nach der innigsten Gemeinschaft mit ihm. Wenn immer möglich, sollte er viel Zeit für diese Begegnungen aufwenden; sie sind mit der Verheißung Jesu verknüpft: »... *und dein Vater, der in das Verborgene sieht, wird dir's vergelten öffentlich.*«[62]

Wir ersetzen damit nicht andere Gebetsformen, sondern werden dadurch eher befähigt, die anderen noch intensiver auszuüben. Probieren Sie diese Methode aus und beobachten Sie, wie das Gebet der Stille sich allmählich auf Ihr Leben auswirkt. Die Früchte dieses Gebetes werden schon bald spürbar werden; sie werden noch mehr im konkreten Leben als während der Gebetszeit selbst erkennbar sein.

Zum Nachdenken
– Jede Andacht kostet mindestens eine halbe Stunde. Sind Sie bereit, täglich diese Zeit aufzubringen?

*— Überlegen Sie sich, zu welcher Tageszeit Sie diese Zeit für Gott auf-
bringen können: morgens, mittags oder abends? Sie können durchaus
zwei Gebetszeiten am Tag einbauen.*

Die folgenden Zeichnungen zeigen auf, welche Stellung für das
Gebet der Stille besonders geeignet ist:

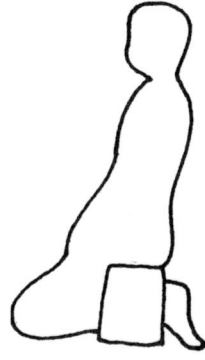

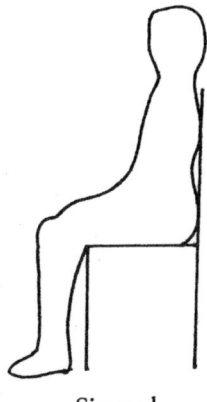

Auf dem Schemel kniend   Sitzend

Durch das Gebet, durch das einfache Mittel des Gebets verwirklichen
wir Christi Gegenwart.[63]   Sadhu Sundar Singh

IV. Gott ist gegenwärtig

Ein Kind beginnt zu meditieren

Ich arbeite als Sozialarbeiter in Kolkotta im Gebiet Rabindra Sarani.
Täglich besuche ich Bettler. Als wir das Büchlein »Gebet der Stille«
bekamen, verteilte ich es in der Gruppe der Bettler und wir fingen an,
darüber zu meditieren. Denen, die nicht lesen konnten, erzählte ich
den Inhalt. Für mich selbst brachte es eine große Bereicherung. Es war
für mein persönliches Leben sehr nützlich und ich musste feststellen,
dass die Leute meiner Gruppe immer mehr Zeit im Gebet verbrachten.
Das freute mich, weil ich sah, wie Gott einen Weg mit ihnen ging.
Eines Tages kam der Sohn von Frau Sonal zu mir und weinte. Über-
rascht fragte ich ihn nach dem Grund seines Weinens. Er sagte, dass er
heimlich das Buch »Gebet der Stille« las und im Meditieren Kontakt
mit Gott aufnahm und ihn gefunden hatte. Der Junge ist nun zur
Freude seiner Mutter völlig umgestaltet.   *Sangeeta von Kolkotta*

Ständige Sammlung und Übung

Es bedarf eines täglichen Übens, wenn etwas Wahrgenommenes im
inneren Leben verankert werden soll. Darum soll die Methode des
Gebets der Stille nicht gewechselt werden, sondern wenn möglich
lange beibehalten werden.

Die Ausdauer und Stetigkeit des Übens verschaffen eine Balance, mit der das Gebet steht oder fällt. Der Beter soll deswegen nicht sofortige Resultate und die Überwindung aller persönlichen Probleme erwarten. Noch wichtiger ist die Bildung eines tieferen Vertrauens, einer größeren Liebe Gott gegenüber und einer wachsenden Abhängigkeit von Ihm.

Abhängigkeit von der Gnade Gottes entwickeln

Wir spüren meistens, wenn wir Übung im Gebet der Stille erlangen, welche Einflüsse auf uns einwirken. Gedanken, die wir als selbstverständlich betrachten, die mit Hass, Neid, Bitterkeit oder Unmoral usw. verbunden sind[64], die sonst einfach gedacht werden, erkennen wir plötzlich als störend und hindernd für die eigene Entwicklung. Wir entdecken ihre zerstörende Macht. Stellen wir uns bloß vor, diese Gedanken könnten von unseren Mitmenschen gelesen werden! Würden wir sie dann nicht sofort stoppen? Denn wenn wir sie nicht vor unseren Mitmenschen verantworten können, warum sollten wir sie vor Gott verantworten, der alles sieht? Das Gebet der Stille ist der Ort, wo wir uns mehr und mehr der realen Präsenz Jesu bewusst werden. Zwar bewahrt uns dies nicht vor Versuchungen, aber es hilft uns, diese zu überwinden.

Letzen Endes werden uns weder eine Meditations- oder Gebetsform noch ein Bibelwissen, weder unser guter Wille noch unsere besten Vorsätze zur ersehnten Befreiung und zum Frieden führen. Allein die Liebe, die uns mit Christus verbindet, und die Hingabe, die wir in einer immer tieferen Versenkung vollziehen, werden den rettenden Arm Gottes in Bewegung setzen. Bis es so weit ist, ist es für den Meditanten wichtig, dass er sich mit allen seinen Fehlern, sobald sie ihm bewusst werden, zu Gott begibt. In der Bitte um

Vergebung wird unsere eigentliche Größe erst recht sichtbar, weil gerade sie uns in die ganze Abhängigkeit seiner Gnade treibt.

Stimmungswechsel

Die Gegenwart Christi in unserem Leben macht sich besonders in unserer Grundstimmung bemerkbar. Wir sind alle einer gewissen Grundstimmung unterworfen, sei sie positiv oder negativ. Diese ist zum Teil auf unsere Kindheit und auf Lebensumstände zurückzuführen, zu denen wir vielleicht nicht einmal etwas beigetragen haben; deswegen lässt sich ihre Herkunft oftmals schwer erklären. Sicher ist nur, dass viel von ihr abhängt. Ist sie positiv, so kann sie uns zu wunderbaren Leistungen verhelfen; ist sie aber negativ, so bremst sie uns und kann eine destruktive Macht ausüben, deren Konsequenzen oft schwer tragbar sind. Auch unsere Anfälligkeit für ein Suchtverhalten ist in vielen Fällen auf eine negative Grundstimmung zurückzuführen.

Grundsätzlich gilt, dass wir fähig sind, manches zu unternehmen, um unseren Lebenswandel zu verbessern. Aber allein die Kenntnisse über uns und die Art, wie wir funktionieren, bedeutet noch lange nicht, dass wir fähig sind, sie umzusetzen.

Während des inneren Gebets gehen wir durch einen Prozess, in welchem wir Christus näherkommen. In diesem Prozess wird die Umsetzung von Erkenntnissen eingeleitet. Gott lädt uns in der Stille ein, alle Veränderungen an uns zuzulassen. Es ist nicht absehbar, wie viel Zeit dieser Prozess benötigt, aber sicher ist, dass Gott auch die nötige Zeit für diesen Wandel für jedes einzelne Leben mit einberechnet hat.

Der lang ersehnte Friede, der ausschlaggebend für unsere Grundstimmung ist, entsteht durch einen Gleichklang zwischen unserer Abhängigkeit von der Gnade Gottes einerseits und unserer Bereitschaft, ein transparentes und heiliges Leben zu führen und Gott zu dienen andererseits. Ist dieses Gleichgewicht gestört, so bleibt der innere

Friede aus, bis wir die nötigen Schritte unternehmen, um ihn wiederherzustellen. Diese Grundstimmung bestimmt weitgehend unser Leben, bis hin zum nächtlichen Schlaf. So hat man festgestellt, dass Menschen, die unter chronischen Schlafstörungen leiden, oft Menschen sind, die unter dem Druck, anderen immer gefallen zu müssen, stehen und ständig von ihrem Urteil abhängen.

Folgendes Schema stellt die drei wichtigen Komponenten dar, die für den inneren Frieden vorhanden sein müssen:

Abhängigkeit von der Gnade
und Gemeinschaft mit dem Gekreuzigten

Fähigkeit, ein transparentes und heiliges Leben zu führen.

Bereitschaft und Fähigkeit, Gottes Wille in Taten umzusetzen. Bildung einer Vision.

Zum Nachdenken:
- *Wie steht es mit Ihrer Grundstimmung? Merken Sie bei sich Stimmungen, die Sie bremsen?*
- *Stellen Sie bei sich ein Suchtverhalten fest, das besonders dann auftaucht, wenn sich eine gewisse Stimmung einschaltet?*
- *Wünschen Sie sich Änderungen in Ihrer Stimmung, z. B., dass sie positiver und bejahender wird?*

Eine Vision entwickeln

Außer dem Wunsch, uns ganz bewusst Christus und seinem Wort zu öffnen, sollten wir während der Stille nichts bewusst erreichen wollen. Zwar kann der Bewusstseinsstrom nie völlig abgeschaltet werden, aber wir verleihen ihm eine gewisse verheißungsvolle Richtung. Während der Meditant alle Gewohnheiten des Denkens hinter sich lässt, schafft er eine »Leere« und eine Öffnung zugleich. Er lädt Christus durch seine Haltung ein, diese Leere zu füllen und ihn zu verändern durch sein Wort und seinen Geist. Zu gleicher Zeit schafft er so Raum für eine Vision. Es geht darum, dass jeder allmählich merkt, zu welcher ganz persönlichen Lebensaufgabe er bestimmt ist und er sich hingezogen fühlt.

Es heißt, dass Gott schon lange, bevor wir uns entschieden haben, für ihn zu leben, uns für gute Werke bestimmt hat. *»Denn wir sind sein Werk, geschaffen in Jesus Christus zu guten Werken, die Gott zuvor bereitet hat, dass wir darin wandeln sollen.«*[65]

Stoßen wir auf diese Werke, so geht es uns wie beim Auspacken eines Weihnachtsgeschenkes. Wir merken mit Freuden, wie schlummernde Fähigkeiten in uns buchstäblich nach Entfaltung rufen und sich für unser Leben neue Möglichkeiten abzeichnen. Freuen Sie sich immer noch auf das Auspacken von Geschenken? Die Möglichkeiten, die in unserem Leben verborgen liegen, gehören zu den großen Geschenken, die es sobald wie möglich auszupacken gilt.

Darum sollten schon Jugendliche und Kinder im Gebet der Stille angeleitet werden, damit sie sich zeigen lassen können, was für sie vorbereitet wurde. Je früher wir uns im Leben einverstanden erklären mit den Wegen Gottes, desto eher sind wir bereit, uns seinem Willen zu öffnen.

Eines der großen Ziele besteht in der Entwicklung der Liebe für diese Werke innerhalb des Plans Gottes. Sadhu Sundar Singh sagt hierzu ein treffendes Wort: »Es gibt Leute, die so beten, als ob wir den Plan Gottes ändern könnten. ... Wir können nicht Gottes Plan ändern, aber im Gebet können wir seinen Plan in Bezug auf uns erkennen. Wenn wir an einem ruhigen Ort beten, redet Gott zu uns in der Sprache des Herzens ... Wenn Gottes Pläne uns offenbar werden, wünschen wir nicht, dass er sie ändern möge, sondern wir wünschen, mit seinen Plänen übereinzustimmen. Wenn wir durch das Gebet Gottes Pläne verstehen, dann gibt er uns auch Kraft, dass wir im Einklang mit seinem Willen stehen ... Gottes Pläne dienen unserem Besten und dem Besten der Nächsten.«[66]

Wofür wir leben und unsere Zeit hergeben wollen, kommt in der Vision, die wir für unser Leben entwickeln, zur Geltung. Wer die Vision empfängt und bereit ist, den Preis für deren Verwirklichung zu bezahlen, wird alles dazu beitragen wollen, um an ihrer Erfüllung mitzuwirken. »Was du in dir begonnen hast, wird Er aus Gnade vollenden, wird dir zur Feuersäule, die dich führt, wenn du bedingungslos bereit bist, ihr wohin auch immer zu folgen.«[67] Viele Visionen benötigen darum zur Verwirklichung den vollen Einsatz, manchmal sogar den Einsatz des ganzen Lebens von denen, die ihre Verwirklichung wollen. Die Liste der Namen derer, die ihr Leben für eine von Gott eingegebene Vision lebten und manchmal sogar dafür starben, ist endlos. Sie sind es, die das Reich Gottes auf Erden weitergebracht haben!

Nun muss keine Vision gegen eine andere ausgespielt werden, weil jede Vision individuell ist. Visionen können zwar weitergegeben werden, aber niemals können wir jemanden zwingen, unsere eigene zu übernehmen. Hauptsache ist letzten Endes, dass jeder die Vision entwickelt, die ganz auf ihn zugeschnitten ist. So wird eine Frau die Vision empfangen, ihren Kindern die bestmögliche Erziehung zu geben, während ein anderer Meditant den starken Drang empfinden wird, sich um gewisse Mitmenschen oder Randgruppen zu kümmern.

Sicher werden alle Visionen dazu beitragen, dass Gottes Liebe für Menschen auf irgendeine Art veranschaulicht und somit glaubwürdig wird. Dies ganz entsprechend der Bitte, die uns durch Christus in den Mund gelegt wird: *Dein Reich komme, Dein Wille geschehe wie im Himmel so auf Erden!* Vieles, das in unserer Welt im Argen liegt, wird sich zum Positiven wenden, sobald Sie und ich uns aufmachen, für das zu leben, wofür Gott unser Leben gedacht hat. Gott wird so viel schneller mit den Menschen und der Welt die Ziele erreichen, die seine Sache weiterbringen. Es ist zu bedauern, dass es zu wenig »begeisterte« Gläubige gibt, die es verstehen, Visionen zu entwickeln und sie mit anderen zu teilen.

Zum Nachdenken
– *Haben Sie sich schon Gedanken gemacht über den Auftrag, den Gott für Sie hat? Sind Sie bereit, Zeit für das Gebet aufzuwenden, Gott zu suchen, damit Sie Seinen Willen für Ihr Leben erkennen?*
– *Wollen Sie Gott die Möglichkeit geben, Ihr Leben so zu verändern, damit Sie fähig werden, die Ihnen bestimmten Werke zu tun?*

V. Brauchen Sie das Gebet der Stille?

Menschen, die sich eine enge Verbindung mit Gott wünschen und deswegen bereit sind, Zeit und Opfer für solch eine Verbindung aufzubringen, werden sich dem Gebet mit Freude und Begeisterung widmen. Gott will niemanden aus seiner engsten Gemeinschaft ausschließen, sondern erwartet vielmehr, dass jeder auf sein Angebot eingeht. F. de Osuna schreibt hierzu: »Wenn du mir erklärtest, dass du nicht fasten könntest, ... keine Fußreisen unternehmen, so würde ich dir glauben. Wenn du aber behauptest, du könntest nicht lieben, so glaube ich dir nicht.«[68] Es ist uns freigestellt, Gott so sehr zu lieben, wie wir wollen. Geradeso ist es uns freigestellt, ihn zu suchen und dafür die nötige Zeit aufzuwenden.

Können Gläubige aller christlichen Konfessionen diese Gebetsform ausüben? Es ist schon oft gesagt worden, dass die Reformation das Kind mit dem Bade ausschüttete, als sie der Mystik den Rücken kehrte. Dies stimmt sicher, aber sie wollte dabei nur den Einfluss der Heiligen Schrift schützen und so die Gläubigen vor der Suche nach mystischen Erfahrungen bewahren, die vom Wortglauben ablenken. Bilder, mystische Erfahrungen und Visionen sollten um keinen Preis mehr den Einfluss der Heiligen Schrift schmälern oder verdrängen! Das in diesem Buch dargelegte Gebet der Stille will helfen, das Hören auf das Wort leichter zu machen. Es war in der Vergangenheit so viel vom Reden mit Gott die Rede, dass das Hören auf ihn zu kurz kam. Die Praxis des Gebets ist lediglich ein Werkzeug, das uns den Zugang zu Christus und seinem Wort erleichtern soll. Nichts erleichtert mehr das Hören, als das Lernen zu schweigen, da wir dadurch zu einem fruchtbaren Boden werden, der die Saat des Wortes aufnimmt. So richten wir keine Erwartungen an die Übung selbst, aber wir glauben, dass mehr Innerlichkeit dem Geist Gottes hilft, Änderungen an unserem Leben vorzunehmen. Insofern kann das Gebet von jedem praktiziert werden.

Grundsätzlich werden alle, die beginnen, diesen Weg einzuschlagen, eine gewisse heilsame Unruhe spüren, nämlich dann, wenn sie sich bewusst werden, dass sie Gott zu wenig lieben. Sie werden sich gedrängt fühlen, Gott um jeden Preis mehr finden zu wollen. Wünschen wir dies nicht allen Menschen und Meditanten?

Aber muss sich jeder im Gebet der Stille üben? Kann sich jemand lange sammeln und sich ganz auf Gott ausrichten, sodass er fähig ist, auf seine Gegenwart zu lauschen, ohne dass er sich von Gedanken zerstreuen und ablenken lässt, so wird er diese Gebetsform entbehren können. Wer ständig im Zustand, den wir anstreben, lebt und direkt und immer in die Gegenwart Gottes treten kann, sodass er bereit und willig ist, seinen Willen zu tun, der hat das eigentliche Ziel schon erreicht. Wer dazu nicht fähig ist, und noch keinen anderen Weg gefunden hat, der ihm helfen kann, dieses Ziel zu erreichen, dem möchte ich Mut machen, diesen Weg einzuschlagen.

Bedenken Sie!

Sollten wir für Süchte und Sünden, für Pläne, die auf Irrwege führen, leben, obwohl Christus für unsere Unzulänglichkeit starb? Sollten wir weiterhin für das leben, wofür Christus sein Leben ließ? Sollten wir nur für uns leben, obwohl Christus für unsere Mitmenschen da ist, wie er für uns da ist? Sollten wir etwa Zukunft und Menschen fürchten, obwohl er versprach, alles in seinen Händen zu halten? Sollten wir an falschen und fragwürdigen Zielen, Gedanken und Hoffnungen festhalten, obwohl er uns sein befreiendes Wort gab? Sollten wir uns etwa den Weg zu seiner Liebe versperren wegen unserer Eigenliebe?

Die Gewohnheit, seine Gegenwart in uns zu spüren, ist große Reife. [69]
Carlo Carretto

VI. Schritte zum Ziel

Einleitung

Die Gestaltung der vier Begegnungen weist bewusst auf den Inhalt des Buches und die Umsetzung seines Inhalts hin. Er will in mehreren Schritten zur Umsetzung des Gelesenen verhelfen. Dabei soll aber das alltägliche Üben des Gebets der Stille und der Austausch darüber sorgfältig gepflegt werden.

Gott will, dass wir glücklich sind! Dieser Aussage möchten zwar die meisten von uns zustimmen; dies, obwohl wir schnell einmal daran zweifeln, wenn uns das Glück nicht gerade anlächelt oder wenn beim Anblick des Elends in der Welt Fragen auftauchen, auf die wir keine direkte Antwort bekommen.

Auch der Tatsache, dass Gott für jeden einen Plan hat und alle liebt, stimmen wir gerne zu, selbst wenn wir Mühe haben, das eigene Leben in den Griff zu bekommen. Wir sind grundsätzlich zu viel Vertrauen bereit, aber wie integrieren wir diese Erkenntnisse in unserem Leben, sodass wir gelassen unseren Weg mit Gott in die Zukunft gehen?

Was uns zu Gott treibt, ist die tiefe Sehnsucht, die in uns wohnt und für die wir selbst nicht einmal einen Namen haben. Vielleicht wird sie durch die Auseinandersetzung mit tiefgehenden Sinnfragen gefördert oder durch ein Ereignis geweckt, das uns zwingt, bei Gott Hilfe zu suchen. Nicht wenige unserer Schwierigkeiten haben ihre Ursache in der Entfremdung, die wir gegenüber uns selbst, unseren Mitmenschen und Gott gegenüber erleiden. Da gilt es, dem Heimweh nach Gott und dem Wunsch nach Ganzheit, Raum zu geben. Sehnsucht nach Gott wird in der Heiligen Schrift als Schlüssel zum geistlichen Wachstum dargestellt.

Die Hauptabsicht des Kurses ist:
– dem Meditant zu helfen, mehr Nähe zu sich selbst und zu Christus zu finden,
– dem Meditant zu helfen, sich mit Sinnfragen zu konfrontieren,
– Vertrautwerden mit dem eigenen Herzen und den Umgang mit eigenen Gefühlen, Ängsten und Sehnsüchten entwickeln,
– Kennenlernen von Gott über Christus,
– Lernen, Gehörtes aus der Heiligen Schrift umzusetzen,
– Entwicklung einer Vision für das eigene Leben.

Der Kurs sollte in vier Schritten und in Gruppen unter der Leitung einer kompetenten Person durchgeführt werden. Sollte dies nicht möglich sein, so kann jeder für sich das Gebet der Stille üben und in einem angebrachten zeitlichen Abstand die angegebene Texte für jeden Schritt durchgehen.

Bewusst wollen wir die Leserin und den Leser im Kurs mit Du ansprechen, weil die Themen, die in diesem Kurs angesprochen werden, sehr persönlich sind.

Diese Themen sind:
1. Meine Prioritäten im Leben
2. Wage den Aufbruch!
3. Entdecke dein Herz!
4. Entwickle deine Vision!

Schritt 1: Meine Prioritäten im Leben

a) Woher beziehst du dein Selbstwertgefühl?

Viele von uns verplanen ihre Tage oder lassen die Zeit an sich vorbeiziehen, ohne dass sie sich viel Gedanken darüber machen. Andere leben in einem Alltagsstress, der sehr aufregend sein kann und sie glauben lässt, dass sie nützlich sind. Wir leben dann unter dem Motto: Wenn wir viel tun, sind wir wichtig! Selbst unsere Senioren nehmen diese Einstellung mit in ihr Pensionsalter. Es ist vielen peinlich, »zugeben« zu müssen, dass sie gerade nicht beschäftigt sind. Aus der Geschäftigkeit beziehen wir unsere Sicherheit, fast unser Existenzrecht. Denn was ist schon jemand, der nicht auf irgendeine Art produktiv ist?

So richten wir die Abläufe unserer Tage und unseres Lebens nach den Prioritäten und Aktivitäten, die wir uns setzen oder die uns aufgedrungen werden. Dabei drohen viele wahre Bedürfnisse unterzugehen.

Dient unsere Geschäftigkeit nicht auch dazu, unser Desinteresse an den wichtigen Lebensfragen zu entschuldigen? Wir gehen davon aus, dass das, was dringend ist, immer zuerst beachtet werden sollte. Die Praxis zeigt aber: Weil immer und schnell etwas den Dringlichkeitscharakter bekommt, kommt das eigentlich Wichtige nicht zur Sprache und bleibt liegen, manchmal sogar ein Leben lang. In vielen Fällen wird aber das Wichtige zurückgedrängt vom Dringenden. Ich kenne unzählige Menschen, die sich nie ernsthaft mit den wichtigen Lebensfragen auseinandergesetzt haben.

Fragen:
- *Woher beziehst du dein Selbstwertgefühl? Durch deine Leistungen, dein moralisch intaktes Leben?*
- *Gibt es etwas, das dich von den wichtigen Lebensfragen ablenkt?*

b) Den Text lesen und verstehen

Die Gefahr des Reichtums: Der reiche Jüngling

Und siehe, einer trat zu ihm und fragte: Meister, was soll ich Gutes tun, damit ich das ewige Leben habe? Er aber sprach zu ihm: Was fragst du mich nach dem, was gut ist? Gut ist nur Einer. Willst du aber zum Leben eingehen, so halte die Gebote. Da fragte er ihn: Welche? Jesus aber sprach: »Du sollst nicht töten; du sollst nicht ehebrechen; du sollst nicht stehlen; du sollst nicht falsch Zeugnis geben; ehre Vater und Mutter« (2. Mose 20,12–16); und: »Du sollst deinen Nächsten lieben wie dich selbst« (3. Mose 19,18). Da sprach der Jüngling zu ihm: Das habe ich alles gehalten; was fehlt mir noch? Jesus antwortete ihm: Willst du vollkommen sein, so geh hin, verkaufe, was du hast, und gib's den Armen, so wirst du einen Schatz im Himmel haben; und komm und folge mir nach! Als der Jüngling das Wort hörte, ging er betrübt davon; denn er hatte viele Güter. Jesus aber sprach zu seinen Jüngern: Wahrlich, ich sage euch: Ein Reicher wird schwer ins Himmelreich kommen. Und weiter sage ich euch: Es ist leichter, dass ein Kamel durch ein Nadelöhr gehe, als dass ein Reicher ins Reich Gottes komme. Als das seine Jünger hörten, entsetzten sie sich sehr und sprachen: Ja, wer kann dann selig werden? Jesus aber sah sie an und sprach zu ihnen: Bei den Menschen ist's unmöglich; aber bei Gott sind alle Dinge möglich. (Matthäus 19, 16–26)

Was steht im Text?

Die Begegnung des reichen Mannes mit Jesus zeigt, dass wir alles, woran wir hängen, bewusst oder oft sogar unbewusst als unseren eigentlichen Reichtum betrachten. Wir sind oft um keinen Preis bereit, uns davon zu trennen, drum gehen wir allzu gerne Kompromisse ein. Das Objekt unserer »Liebe« kann von außen gesehen noch so wertlos erscheinen, wir klammern uns dennoch daran. Selbst die klaren Beweise seiner Vergänglichkeit und Bedeutungslosigkeit vermögen uns oft nicht von dieser falschen Liebe abzubringen. Wert bekommt das, was wir lieben, allein durch die Liebe, die wir schenken, weil es dadurch unseren Lebensraum in Beschlag nimmt. Alles, woran wir uns fest-klammern, tendiert im Nu dazu, unser Götze zu werden, von dem wir unser Glück erwarten.

Somit ist beim reichen Jüngling letzten Endes alles nur Herzens-angelegenheit! Sich aus dieser Falle zu lösen betrachtet Jesus rein menschlich gesehen als aussichtslos. Denn was wir lieben, schafft es immer, über uns zu herrschen. Und sollten wir es je schaffen, uns von einem Götzen zu lösen, so riskieren wir doch automatisch, Sklave von etwas Neuem zu werden. Wir sind geradezu veranlagt, uns immer et-was oder jemandem als Gott anzuhängen! So besteht unsere Freiheit nur in der Wahl des Herrn, den wir lieben! Aber »niemand lebt davon, dass er viele Güter hat«[70], sagte Jesus; anders gesagt, nichts kann un-seren Durst nach Leben stillen außer Gott selbst! Darum ist es leich-ter für ein Kamel durch ein Nadelöhr zu gehen, als mit eigener Kraft zu innerer Freiheit zu gelangen, um Gott zu dienen.

Fragen:
- *Was ist dir im Leben besonders wichtig? Was nimmt dein Denken und deine Kraft derart in Anspruch, dass du für die wahren Proble-me wenig oder keine Zeit aufbringst?*
- *Siehst du eine Möglichkeit, etwas an dieser Situation zu ändern, sodass Gott mehr zum Zuge kommt?*

c) Welche Bedürfnisse müssen befriedigt werden?

Zu den Grundbedürfnissen jedes Menschen gehören: leben, lieben und geliebt werden, vertrauen können, ein Lebenswerk schaffen. Bernhard von Clairvaux schreibt hierzu: »Die Bitten unseres Leibes richten sich auf drei Dinge; und ich sehe nicht, was jemand über sie hinaus für sich erbitten müsste. Zwei beziehen sich auf geistli-che Güter, nämlich auf das Wohl des Leibes und auf das Wohl der Seele; und das dritte ist die Seligkeit des ewigen Lebens. Wundere dich nicht, dass ich sage, man solle von Gott das Wohl des Leibes erbitten, denn alle leiblichen Dinge sind sein, genauso wie alle geistlichen Güter. Für die Belange der Seele sollten wir jedoch häufiger und glühender beten ...«[71]

Ungestillte Bedürfnisse treiben uns nicht selten in ein Suchtverhalten, wenn wir nicht lernen, damit umzugehen. Müssen wir ständig auf diese ungestillten Bedürfnisse eingehen, so gleichen wir einem Krisenmanager, der immer um sein Überleben kämpft. An die Stelle von Zufriedenheit tritt dann die ständige Beschäftigung mit einer Suchtbefriedigung.

Fragen:
— Wenn du dein gegenwärtiges Leben anschaust, findest du, dass deine fundamentalen Bedürfnisse gedeckt sind?
— Welche bleiben unbefriedigt? Kannst du damit unbekümmert leben oder leidest du darunter?
— Kommt es vor, dass du einen Mangel durch ein Suchtverhalten kompensierst?

d) Das Ziel des Gebets der Stille

Wir vertrauen keiner Methode an sich, sondern benutzen die Praxis des Gebets der Stille, um näher zu Gott durch Christus und zu uns selbst zu gelangen. In Anlehnung an das Kreuzgeschehen lernen wir durch eine gesunde Selbstverleugnung Abstand zu nehmen von allem, was uns hemmt, wehtut und bremst.

Die Zeit der Stille ist insofern bedeutend, weil währenddessen das Loslassen im Sinne des Wortes Jesu erlebt wird: »Wer mir folgen will, der verleugne sich selbst und nehme sein Kreuz auf sich und folge mir nach.«[72] Der Mystiker Johannes vom Kreuz sagt hierzu, dass dieses Ziel »nicht in der Vielfalt der Erwägungen besteht, noch in Methoden und Übungsweisen oder Genüssen, sondern nur in dem einzig Notwendigen: im Verstehen, sich wahrhaft Verleugnen, im Äußeren und im Inneren, ... denn nichts anderes bringt uns voran als nur die Nachfolge Christi«[73].

Weiterhin hilft uns das Gebet der Stille, mit unerfüllten Wünschen umzugehen, um so selbst ein Suchtverhalten in den Griff zu bekommen.

Frage:
Was verstehst du unter Selbstverleugnung? Siehst du, wie eine Selbstverleugnung im Sinne Jesu dir zum Vorteil sein könnte?

e) Lest in der Gruppe den Ablauf des Gebets im Buch und besprecht ihn.

f) In der Stille bewege folgendes Gebet des Mystikers Johannes vom Kreuz in dir:

> *Herr, mein Gott,*
> *du entfernst dich nicht von dem,*
> *der sich von dir entfernt;*
> *wie kann jemand sagen,*
> *du seiest ein abwesender Gott?*[74]

Schritt 2: Wage den Aufbruch!

a) Einleitung

Hast du auch schon an kleinen Beispielen erfahren, wie eine Überwindung oder ein Sieg über eigene Trägheit oder Schwachheit, dir zu einem Glücksgefühl verholfen hat? Aus persönlicher Erfahrung wissen wir, wie uns schon kleine Siege zufriedenstellen, selbst wenn sie mit Opfer verbunden sind. Komischerweise vergessen wir dies sehr schnell, sobald das Geschehen hinter uns liegt.

Aufbrüche, die zu mehr Hingabe führen, braucht es immer wieder. Der letzte Aufbruch, der dir bevorsteht, ist der Übergang in die Ewigkeit! Vielleicht wird dir dieser Kurs zu einer Herausforderung, die dir zum nächsten großen Aufbruch Mut schenkt! Die Bereitschaft, solche Schritte zu tun, ist das Zeichen, dass dich der Wille zur Veränderung und Besserung bewegt und du immer noch wahrnimmst, was mit dir geschieht und was Gott mit dir vorhat.

Gottes Liebe drängt uns zur Umkehr, wo immer es nötig ist! Widerstehen wir seinem Ruf zur Umkehr, so riskieren wir, Zeit und Kraft, ja sogar unser Heil zu verlieren. Jeder Schritt auf ihn zu freut Gott zutiefst; ebenso sehr schmerzt es ihn, wenn wir immer noch in eigenen Träumen, Ängsten und Fantasien oder Vorwürfen, die wir an uns selbst oder an Gott richten, verweilen. Vieles verschafft uns zwar ein vorübergehendes Gefühl von Selbstsicherheit oder gar von Selbstgerechtigkeit, aber es ist weit weg von der Freiheit, die Christus verspricht!

So muss niemand fürchten, dass er unglücklich würde, wenn er sich von einer Sucht, einer Sünde oder der Suche nach Ehre trennen würde! Die Begegnung mit der Liebe Gottes, wo du dem gekreuzigten und auferstandenen Christus entgegentrittst, führt zur Fülle des Lebens. Der Weg in die Stille möge dir dabei helfen.

Frage:
Versuche mal einen Moment lang dir Gott als eine lebendige Person vorzustellen, die voll Liebe und Geduld bisher immer um dich gerungen hat. Wie viel Gutes und wie viel Bewahrung konntest du doch erleben, dank seiner Treue und deiner Bereitschaft, dich von ihm führen zu lassen! Aber merkst du auch, wie er darauf wartet, dich weiterzuführen? So lebendig und wirklich ist Gott und noch viel mehr! Es gibt viele Bibelstellen, die beweisen: Weil Gott uns nach seinem Ebenbild erschaffen hat, ist er durchaus empfindsam für alle Schritte, die wir machen oder unterlassen. Er freut sich mit dem Himmel über jeden Schritt, den wir auf ihn hin tun, und trauert, wenn wir sein Angebot der Liebe ausschlagen. Was meinst du, denkt er gerade über dich und dein Leben?

b) Die Geschichte des verlorenen Sohnes

Und er sprach: Ein Mensch hatte zwei Söhne. Und der jüngere von ihnen sprach zu dem Vater: Gib mir, Vater, das Erbteil, das mir zusteht. Und er teilte Hab und Gut unter sie. Und nicht lange danach sammelte der jüngere Sohn alles zusammen und zog in ein fernes Land; und dort brachte er sein Erbteil durch mit Prassen. Als er nun all das Seine verbraucht hatte, kam eine große Hungersnot über jenes Land und er fing an zu darben und ging hin und hängte sich an einen Bürger jenes Landes; der schickte ihn auf seinen Acker, die Säue zu hüten. Und er begehrte, seinen Bauch zu füllen mit den Schoten, die die Säue fraßen; und niemand gab sie ihm. Da ging er in sich und sprach: Wie viele Tagelöhner hat mein Vater, die Brot in Fülle haben, und ich verderbe hier im Hunger! Ich will mich aufmachen und zu meinem Vater gehen und zu ihm sagen: Vater, ich habe gesündigt gegen den Himmel und vor dir. Ich bin hinfort nicht mehr wert, dass ich dein Sohn heiße; mache mich zu einem deiner Tagelöhner! Und er machte sich auf und kam zu seinem Vater. Als er aber noch weit entfernt war, sah ihn sein Vater und es jammerte ihn; er lief und fiel ihm um den Hals und küsste ihn. Der Sohn aber sprach zu ihm: Vater, ich habe gesündigt gegen den Himmel und vor dir; ich bin hinfort nicht mehr wert, dass ich dein Sohn heiße. Aber der Vater sprach zu seinen Knechten: Bringt schnell das beste Gewand her und zieht es ihm an und gebt ihm einen Ring an seine Hand und Schuhe an seine Füße und bringt das gemästete Kalb und schlachtet's; lasst uns essen und fröhlich sein! (Lukas 15,11–23)

Was steht im Text?

Der Sohn wusste nicht, was er am Vater und am Erbe hatte, das ihm zustand. Es lag also nahe, dass er ein Leben weit weg von der Gegenwart des Vaters führen wollte. Losgelöst vom Schutz des Vaterhauses, ganz auf seine eigenen Kräfte angewiesen und ohne Möglichkeit, sich mit irgendeinem materiellen oder fleischlichen Genuss zu betäuben, gerät er in ein seelisches Tief. Es ist bemerkenswert, wie tief wir abstürzen können, wenn uns jeder äußerliche und materielle Halt abhandenkommt.

Zum Schluss merkt er, wie identitätslos er eigentlich ist, und dass sein Selbstbild bisher nur von Äußerlichkeiten abhängig war. Die Not bringt ihn zur Einkehr und Umkehr zugleich. Sehnsucht wird wach und damit die Erinnerung an das Vaterhaus. Obwohl die Erinnerungen an seinen Vater recht verzerrt sind, genügen sie, um wieder etwas Vertrauen in seine Güte aufzubringen. Sie genügen, um ihn zur Umkehr zu motivieren.

In den allermeisten Fällen ist es so, dass wir Menschen uns erst aufgrund eines einschneidenden Erlebnisses auf die Suche nach dem Sinn des Lebens machen. Trifft uns ein schlimmes Schicksal, so verblasst auf einmal (mindestens solange das Leid andauert!) alles, was uns bisher Halt gab und uns wichtig schien. Auf einmal werden wir uns dann sogar der Nichtigkeit unserer Götzenbilder bewusst. Wie der Sohn durch einen tiefen sozialen und seelischen Absturz gehen musste, damit die Erinnerung an seinen Vater wieder wach wurde, so müssen wir oftmals durch den Zusammenbruch unserer Illusionen und falschen Erwartungen gehen, damit uns ein Licht aufgeht! Nun stehst du heute vielleicht nicht unter dem Druck eines schweren Schicksalsschlags, sondern bist einzig und allein von einem Wunsch nach mehr Nähe und Liebe Gottes getrieben. Wir nennen dies Sehnsucht.

Fragen:
– Was lernst du von der Geschichte des verlorenen Sohnes? In welchen Punkten erinnert sie dich an dein vergangenes und gegenwärtiges Leben?
– Wo siehst du in deinem Leben Anknüpfungspunkte zu Gottes Liebe, die dir bisher geholfen haben, immer wieder zu ihm zurückzukehren und nach ihm zu fragen?
– Gibt es Bereiche in deinem Leben, wo du dich von Gott und deinen Mitmenschen zurückgezogen hast, um ein Eigenleben zu führen, vielleicht sogar im Versteck?

c) Von der Nacht zum Licht

Der Mystiker Johannes Tauler lädt in einer Predigt seine Zuhörer ein, den Übergang vom Zustand des Schlafenden, der im Dunkel tappt, zum Licht hin zu vollziehen. Er schreibt: »*Wir sollen uns aufmachen – und zwar im zwiefachen Sinne des Wortes: wir sollen uns erheben und vorwärtsschreiten und mit jedem Schritt mehr uns von allem in uns und um uns lösen und entfernen, das nicht Gott ist, auch von uns selber.*«

Im Grunde handelt es sich um einen »Sterbeprozess«, der zum Leben führt. Einerseits sind wir eingeladen, Abschied zu nehmen von dem, was uns hindert, uns Gott zu nahen, dies dank der Vergebung Christi und einem bewussten inneren Loslassen; anderseits geht es um die Entwicklung der Beziehung zu Christus, des Hörens auf ihn und der Entdeckung seiner Liebe. Dieses Erlebnis nennt das Neue Testament Glaube.

Selbstverleugnung und Findung des Lebens gehen Hand in Hand, denn Gott will nicht mehr an uns und durch uns tun, als wir bereit sind, Christus ähnlich zu werden. Alle großen Änderungen werden durch die Änderungen eingeleitet, die in unserem Herzen stattfinden. In diesem Prozess des Loslassens aller Dinge, die uns hindern, folgen wir nur Jesus, der im Sterben das Tal des Todes und der größten Einsamkeit durchschritt. »Wer sein Leben verliert um Seinetwillen«, der wird deshalb nicht mehr für Sorgen, Habgier und Ähnliches leben, sondern wird das wahre Leben »erhalten«!

Fragen:
- *Kannst du dir vorstellen, dass die Freiheit von allem, was dich an der Nachfolge Christi hindert, dir das ersehnte Glück bescheren würde? Glaubst du, dass dir in der Nachfolge seine Liebe immer mehr offenbart wird?*
- *Erkennst du im Üben des Gebets der Stille erste Zeichen, die auf mehr Freiheit hinweisen?*

d) Mit Unbegreiflichem leben

Oft haben wir über seelische Zustände und Schmerzen, die uns zuge-
fügt werden, wenig oder gar keine Kontrolle. Sie sind ein Leidensfak-
tor. Es gibt Situationen, wo es uns geschenkt werden muss, den Druck
auszuhalten um unseren Weg mit Gott gehen zu können.

Das Gebet der Stille hilft dir täglich neu, Abstand vom Leid zu
nehmen und den Druck auszuhalten, den es verursacht. Wenn
selbst alle unsere Haare auf unserem Haupt gezählt sind und alles
zu unserem Wohl beitragen muss, so wird Gott es schaffen, unser
Leid in Segen zu verwandeln. Kannst du das glauben? Die Hingabe an Christus hilft dir zu glauben, dass er alles in seinen Händen
hält, selbst wenn es scheint, dass das Gegenteil der Fall ist. SozialarbeiterInnen aus unserer Bettlerarbeit weisen stets auf den nötigen
Abstand hin, den sie gegenüber der Traurigkeit, die vom Leid verursacht wird, haben müssen. Dank der inneren Distanz, die sie täglich durch das Gebet der Stille erlangen, treten sie unbelastet den
Bettlern entgegen und nehmen sich ihrer an.

Fragen:
– Gibt es gegenwärtig Dinge, unter denen du leidest? Nehmen sie dir
derart viel Kraft, dass du kaum noch fähig bist, anderes und Neues
anzupacken?
– Hilft dir das Gebet der Stille von dem, was dich bekümmert,
Abstand zu nehmen?

e) Schenke Gott deine Zeit

Die Entscheidung, sich für Gott und seine eigene geistliche Entwicklung Zeit zu nehmen, gehört wahrscheinlich zu den wichtigsten Entscheidungen im Leben eines Menschen. Eine Umkehr ist
nur möglich, wenn wir uns dem Wirken des Heiligen Geistes überlassen.

Verstehe die ganze Zeit der Stille als Ausdruck deines Wunsches nach Hingabe und überhaupt als Teil dieser Hingabe. Triff deine Entscheidung, dieses Opfer zu bringen, nach sorgfältiger Überlegung und bleibe danach bei deiner Entscheidung. Trauere nie der Zeit nach, die du Gott geopfert hast. Im Gegenteil, lass dich ermutigen, dich Ihm ganz anzuvertrauen.

Hast du je bereut, dass du Zeit mit Menschen verbracht hast, die du liebtest? Wer bereit ist, Zeit mit Gott zu verbringen, bewegt sich vorwärts und entgeht den Gedanken der Sinnlosigkeit, die sich breitmachen, wenn Gott nicht unsere Leere füllt. Weder ein intellektueller Glaube noch Erlebnisse besonderer Art können die enge Gemeinschaft mit Gott ersetzen. Die Heilige Schrift warnt stets vor falschen Sicherheiten.

Fragen:
- *Bist du bereit, für die Stille vor Gott Zeit zu opfern? Schaffst du es, täglich Zeit für das Gebet der Stille zu finden?*
- *Fällt es dir leicht oder stößt du auf scheinbar unüberwindbare Hindernisse? Welche sind es?*

Abstand nehmen

Die Zeit mit Gott hilft, Abstand zu nehmen von allem, was uns hindert und bedrängt. Nehmen wir sie uns nicht, so riskieren wir einen geistlichen Stillstand und dringen nur mit Mühe zu Gott vor. Es ist wie in den Ferien: Der Abstand vom Alltag hilft uns zurück zu uns selbst und unseren liebsten Menschen zu finden. In ihrer Nähe, weit weg von den Alltagssorgen, verbringen wir mit ihnen die beste Zeit. Es gibt keine Abkürzung, um dieses Ziel zu erreichen.

In der Stille versuche die Worte von Teresa von Avila auf dich wirken zu lassen.

Du bist mein, o Herr!
Wenn du nun zu mir kommst,
wie soll ich noch zweifeln,
dass ich dir dienen kann?
Von nun an will ich mich selbst vergessen,
ich will keinen anderen Willen mehr haben
als deinen.
Mein Wollen ist machtlos.
Du, Herr, bist der Mächtige.
Was ich tun kann, Ja zu sagen,
das will ich von nun an tun.[75]

Schritt 3: Entdecke dein Herz!

a) Einleitung

In unserer Gesellschaft bringen wir das Wort »Herz« schnell in Zusammenhang mit Emotionen und Gefühlen. Nicht selten versteht man darunter eine Art Gefühlsduselei! Das Herz wird auch oft mehr mit dem weiblichen als mit dem männlichen Geschlecht in Zusammenhang gebracht; vielleicht mit Recht, weil Männer es oft schwer haben, in der Hektik des Alltags das äußere Leben mit dem inneren in Einklang zu bringen.

Die Wichtigkeit und Aufgabe des Herzens wird weitgehend unterschätzt, sodass wir oft nicht ahnen, wie wir es nutzen und zum Guten gebrauchen können. Es hat oftmals die Stellung, die ihm zustehen würde, zugunsten des Verstandes eingebüßt. Das hat zur Konsequenz, dass wir gelebt werden, statt dass wir leben. Dann fallen wir unberechenbaren »Mächten« zum Opfer, die sich in unser Gedankenleben einmischen und zum eigentlichen Führer werden. So kehrt sich das eigene Herz letzten Endes noch gegen uns und hindert uns in der Ausübung unseres freien Willens. Was geschieht dann mit der Freiheit, die Christus gebracht hat?

Nun spiegelt schließlich das Herz laut dem Evangelium alles wider, was wir denken, fühlen, reden, wollen, wünschen, träumen und tun. Jesus sieht die Ursache allen Übels im Ausleben der Gedanken unserer ungeläuterten Herzen, wenn er sagt: »*Was aus dem Menschen herauskommt, das macht den Menschen unrein; denn von innen, aus dem Herzen der Menschen, kommen heraus böse Gedanken, Unzucht, Diebstahl, Mord, Ehebruch, Habgier, Bosheit, Arglist, Ausschweifung, Missgunst, Lästerung, Hochmut, Unvernunft. Alle diese bösen Dinge kommen von innen heraus und machen den Menschen unrein.*«[76]

Fragen:
– *Nimmst du während der Stille wahr, was dein eigenes Herz bewegt und beinhaltet? Macht dich diese Erkenntnis froh oder erschreckst du darüber?*
– *Inwiefern nimmst du die Funktion und die Möglichkeiten deines Herzens wahr?*

b) Lesen wir den Text

Siehe, es kommt die Zeit, spricht der HERR, da will ich mit dem Hause Israel und mit dem Hause Juda einen neuen Bund schließen, nicht wie der Bund gewesen ist, den ich mit ihren Vätern schloss, als ich sie bei der Hand nahm, um sie aus Ägyptenland zu führen, ein Bund, den sie nicht gehalten haben, ob ich gleich ihr Herr war, spricht der HERR; sondern das soll der Bund sein, den ich mit dem Hause Israel schließen will nach dieser Zeit, spricht der HERR: Ich will mein Gesetz in ihr Herz geben und in ihren Sinn schreiben, und sie sollen mein Volk sein und ich will ihr Gott sein. (Jeremia 31,31–33)

Was steht im Text?

Wenn Gott Menschen zur Umkehr ruft, so spricht er ihr Herz an. Der Prophet Jeremia war wie alle biblischen Propheten vor allem um die Herzenshaltung seiner Zeitgenossen bemüht. Er erinnerte sie daran, dass es Gott in allem um ihren Herzensgehorsam ihm gegenüber geht. Liebe, innere Stärke, echtes Hören, Annahme von Trost usw. – alle Tugenden entwickeln sich im Herzen. Allein schon der Glaube entsteht aus dem Blick, den wir in Gottes Herz werfen, und so merken, wie er uns gegenüber gesinnt ist! Gott allein bewirkt die Umwandlung der Herzen und damit die Umkehr des Menschen. Indem er sein Wort und seinen Geist in das Herz des Menschen gibt, baut er mit ihm eine Freundschaft auf, d. h., er schließt mit ihm einen Bund, den selbst unser Tod nicht auflösen wird.

Johannes von Kastl erinnert daran, dass ein Herz nur durch Gnade stark und fest wird. Dank der Liebe Gottes »ruht es auf der Weite dessen, der da liebt.«[77] Was uns wirklich verändern wird, ist also die »*Liebe Gottes, die ausgegossen ist in unsre Herzen durch den Heiligen Geist, der uns gegeben ist*«[78]. Lange erhoffen wir uns mehr Glück durch die Beseitigung von Schwierigkeiten und Problemen, die wir empfinden. Wie viele haben resigniert, weil kein Therapeut ihnen zum ersehnten Glück verhelfen konnte. Erst ein verändertes Herz, das die nötige Bereitschaft hervorbringt, Gottes Willen in Tat umzusetzen, wird uns den ersehnten Frieden verschaffen. Der Grund unserer Schwierigkeiten ist praktisch immer im Mangel an Entschiedenheit unseres Herzens zu suchen, das Gott nur »halbherzig« liebt!

Fragen:
– Spürst du, wie du durch das Üben des Gebets der Stille ansatzmäßig bereit wirst, wieder etwas an deinem inneren Leben zu ändern?
– Spürst du einen inneren Drang nach mehr Bibellesen, Gemeinschaft mit Gott und Gutes zu tun für andere?

– Nimmst du wahr, wie du durch die Nähe Gottes und die Annahme
seiner Liebe gestärkt wirst?
– Erkennst du, wozu du fähig bist, wenn dein Wille freigesetzt würde?

c) Nicht nur Verstand, sondern auch Herz

Unser westliches Denken ist seit Langem von der Vorherrschaft der
Vernunft geprägt. Wir sind ständig darum besorgt, unser Wissen zu
vergrößern, aber wissen kaum, wie wir notwendige Änderungen an
uns selbst vornehmen könnten. Der Grund dafür ist in der Distanz,
die wir zu unserem Herzen haben, zu suchen. Wir sind uns selbst
gegenüber entfremdet und verfügen über wenig Möglichkeiten,
Änderungen vorzunehmen.

Muss das so sein? Das Herz soll nicht Untertan des Verstandes
sein, sondern in einem gesunden Gleichgewicht zu ihm stehen.
Glaube ist nun mal nicht mit Wissen zu verwechseln! Vielmehr soll
das Herz die Reife bekommen, wo es sich Gottes Wort unterstellt,
weil dieses sonst keine Autorität über es bekommt.

Ein Ziel des Gebets der Stille ist es, dem Meditanten zu helfen, zu
jedem Zeitpunkt, in jeder Zerstreuung und in jedem Konflikt, in den
Zustand zurückzukehren, in dem er sich während des Gebets befand,
als er sich Gottes Willen und Gegenwart öffnete. Somit kann Ruhe,
Vertrauen und die Bereitschaft, auf Gott zu hören, zu jeder Zeit wieder einkehren. Der Verstand wird diese Haltung kaum missbilligen,
sondern vielmehr sich selbst Gott zur Verfügung stellen.

Fragen:
– Schaffst du es im Alltag immer wieder zur Ruhe und zur inneren
Bereitschaft, Gott zu dienen, zurückzukehren? Inwiefern hilft dir
dabei das Gebet der Stille?
– Was leitet dein Gemüt und die Ausübung deines Willens?

e) Das große Missverständnis

Bernard von Clairvaux schrieb vor 800 Jahren folgende Worte über die Schwierigkeit des Herzens, sich Gott zu öffnen:

»Was ist also ein hartes Herz? Das ist ein Herz, welches sich weder von Reue zerreißen noch durch Zuneigung erweichen, noch durch Bitten bewegen lässt. Es lässt sich durch Bedrohungen nicht beeindrucken ... Gegenüber Wohltaten ist es undankbar, Ratschläge nimmt es nicht an, über klare Entscheidungen wird es wütend, vor Schimpflichem scheut es sich nicht, Gefahren nimmt es nicht wahr; es hat kein Empfinden für menschliches Verhalten, ist Gott gegenüber gleichgültig, verliert die Vergangenheit aus dem Bewusstsein, lebt unachtsam in der Gegenwart, schaut nicht voraus in die Zukunft. Für das harte Herz gibt es nichts Erinnerungswertes, außer zugefügte Beleidigungen, nichts Wichtiges in der Gegenwart, nichts in der Zukunft, wonach es ausschauen oder worauf es sich vorbereiten könnte, es sei denn, dass es irgendeinen Racheakt im Schilde führe. Um kurz und knapp alle Übel dieser schrecklichen Krankheit auf Einen Nenner zu bringen: Einem harten Herzen ist die Gottesfurcht und das Gespür für die Menschen abhanden gekommen.«[79]

Widerspiegeln die Worte von Bernard Clairvaux nicht ein Stück weit den heutigen Zeitgeist? Die Zeiten mögen sich ändern, nicht aber die Herzen! Das Gebet der Stille will dem Meditanten helfen, aus dieser Härte herauszufinden.

Fragen:
– Worin erkennst du dich in dieser Beschreibung?
– Wie hilft dir das Gebet der Stille, deine eigene Härte und Unachtsamkeit aufzudecken? Zeigt es dir einen Weg, um daraus herauszukommen?

f) Lass in der Stille Worte des Liedes von Gerhard Tersteegen »Gott ist gegenwärtig« zu dir reden:

Mache mich einfältig, innig, abgeschieden,
sanft und still in deinem Frieden;
mach mich reines Herzens,
dass ich deine Klarheit
schauen mag in Geist und Wahrheit;
lass mein Herz überwärts wie ein Adler schweben
und in dir nur leben.

Schritt 4: Entwickle deine Vision

a) Einleitung

Durch das Gebet der Stille geraten wir in eine Situation, wo wir mehr und mehr lernen zu unterscheiden zwischen Wesentlichem und Unwesentlichem. Hast du dir schon einmal überlegt, wie du deine Kräfte einsetzen würdest, wenn du keine Sucht mehr unterhalten, keiner Angst und Sünde mehr »gehorchen« müsstest? Versteh mich recht, ich glaube nicht, dass wir es je schaffen werden, auf Erden ein fehlerloses und problemloses Leben zu führen. Dies bedeutet aber nicht, dass ein inneres Wachstum und Änderungen nicht in jedem Lebensalter möglich sind!

Das Gebet der Stille handelt nicht vorwiegend vom Tun, sondern mehr vom Sein und Werden in Christus. Der Beitrag des Gebets der Stille besteht vorwiegend in der Freisetzung der Kräfte und des Willens, die uns befähigt, alles Nötige zu tun. Wir sind ja meistens zu viel mehr fähig, als wir ahnen und glauben. Denen, die in einem fortgeschrittenen Alter merken, wozu sie alles noch fähig sein könnten, sagen wir: Es ist nie zu spät, mit dem Wesentlichen zu beginnen, aber schade, wenn wir nie damit beginnen! Viele schaffen es nicht einmal, sich aufzumachen, um ihr Glück in der Nachfolge Christi zu suchen, geschweige denn ihren eigentlichen Lebensauftrag anzupacken.

Selbst in der Kirche ist der Aktivismus oft die leitende Kraft. Mehr Zeit in der Gemeinschaft mit Gott wäre da viel besser angebracht als die Entwicklung von Programmen, mit denen wir Menschen beeindrucken wollen, sie aber nicht wirklich für Gottes Sache gewinnen.

Der Karmeliter Günter Benker, schreibt Folgendes über den Mystiker Johannes vom Kreuz: »Juan ist überzeugt, dass die Liebe das Einzige ist, was die Welt und die Menschen verändern kann, und dass deshalb nur der etwas ausrichtet, der durch die schmerzhafte Läuterung hindurch zur Liebe gefunden hat: ›Ein wenig dieser lauteren Liebe ist vor Gott und vor ihr (vor der Seele) von höherem Wert, ist für die Kirche von größerem Nutzen als alle andere Werke zusammen.‹ Schließlich sind wir für solche Liebe geschaffen worden. Das sollten die so Aktiven bedenken, sie, die mit ihren Predigten und äußeren Werken sich der Welt anpassen wollen, sie mögen bedenken, dass sie der Kirche viel nützlicher und Gott viel wohlgefälliger wären ... wenn sie auch nur die Hälfte dieser Zeit betend mit Gott verbringen würden, auch wenn sie jenen erhabenen Gnadenstand (die Vereinigung mit Gott) noch nicht erreicht haben. Sicherlich, mit ihrem begnadeten Gebet ... würden sie mit einem einzigen Werk mehr erreichen als mit tausend anderen.«[80]

Fragen:
- *Wann hast du das Gefühl, dass du etwas Sinnvolles und Gutes tust, an dem Gott Gefallen hat?*
- *Was wolltest du schon seit Langem tun, was Gottes Sache in deinem Umkreis und auf der Erde weiterbringen würde?*

b) Lesen wir den Text:

Sei nur getrost und ganz unverzagt, dass du hältst und tust in allen Dingen nach dem Gesetz, das dir Mose, mein Knecht, geboten hat. Weiche nicht davon, weder zur Rechten noch zur Linken, damit du es recht ausrichten kannst, wohin du auch gehst. Und lass das Buch dieses Gesetzes nicht von deinem Munde kommen, sondern betrachte es Tag und Nacht, dass du hältst und tust in allen Dingen nach dem, was darin geschrieben steht. Dann wird es dir auf deinen Wegen gelingen und du wirst es recht ausrichten. Siehe, ich habe dir geboten, dass du getrost und unverzagt seist. Lass dir nicht grauen und entsetze dich nicht; denn der HERR, dein Gott, ist mit dir in allem, was du tun wirst. (Josua 1,7–9)
Was steht im Text?

Aus dem Versprechen, das Gott Josua gibt, geht hervor, dass der Sieg und die Einnahme des Landes am Segen und am Beistand Gottes und nicht am Können Josuas liegt. Gott ist immer der wirkliche Handelnde, wenn das Wesentliche geschieht; dies auch wenn es scheint, dass besonders auserwählte und fähige Menschen wie Josua im Mittelpunkt des Geschehens stehen.

Wie Mose brauchte Josua lange, bis er bereit war, seinen Auftrag bei der Landeinnahme Israels auszuführen. Er stand so lange unter dem Einfluss seines Vorbildes Mose, bis er fähig wurde, sein Volk in seine Bestimmung zu führen. Voraussetzung dafür war eine Herzensbildung, die er sich im Lauf der Jahre aneignete. Ist es verwunderlich, dass Gott die Bereitschaft, auf sein Wort zu hören, damit verband?

c) Unsere Vorbereitung

Wir gehen oft davon aus, dass alle unsere Gebete spontan erhört werden sollten; dabei übersehen wir schnell, welche Voraussetzungen für ein Eingreifen Gottes überhaupt gewährleistet sein müssen. Nicht alle unsere Vorsätze, (sie mögen noch so gut gemeint sein), sind von Gott her gesehen überall und zu jeder Zeit zu verwirklichen!

Es kann sein, dass der Meditant das Gebet der Stille als eine Zeit der Vorbereitung auf das Kommende erlebt. Wenn er sich aller Ängste, falscher Meinungen, Bilder und Erwartungen entledigt, wird er sich innerlich auf Christi Wort ausrichten können. Dabei wird er sein geistliches Auge und sein Gewissen dermaßen trainieren, dass er lernen wird, auf eigene und selbstbezogene Wege zu verzichten.

Oft hat diese Lebensaufgabe mit etwas zu tun, wohin wir uns schon immer hingezogen fühlten. Zum Beispiel wird jemand, der in sich einen starken Drang spürt, sozial benachteiligten Menschen zu helfen, merken, dass er sich schon als Kind gedrängt fühlte, sich für Benachteiligte einzusetzen.

Wir können davon ausgehen, dass jeder, der sich der Praxis des Gebets der Stille hingibt, früh oder später in sich einen Ruf wahrnimmt und sich von seiner Lebensaufgabe angezogen fühlen wird.

Oft merken Freunde oder Mitmenschen besser und früher als wir, wofür wir besonders und am besten geeignet sind. Bitte sie doch, dir ihre Eindrücke mitzuteilen! Versuche mal dir vorzustellen, wie das wäre, wenn du dich aufmachen würdest, um dein Lebenswerk anzupacken. In der Stille darf jeder hoffen, dass Christus ihn allmählich dorthin führen wird, wo er ihn haben will.

Frage:
– Zu welchem Dienst an Gott und den Menschen fühltest du dich schon immer hingezogen?

d) Den richtigen Zeitpunkt abwarten.

In seinem Allwissen hat Gott für jeden Menschen die Zeit und die Umstände vorgesehen, die ihm die Möglichkeiten bieten, seine Lebensaufgabe zu tun. Aber droht uns nicht unterwegs die Ungeduld einzuholen? Im Warten auf die Gelegenheit, etwas Besonderes tun zu wollen, übersehe ich vielleicht gerade, dass ich schon daran bin, das Besondere zu tun! Es könnte auch sein, dass wir dabei sind, die Gelegenheit zu verpassen, das Wichtige zu tun, weil wir zu sehr mit uns selbst beschäftigt sind. Wir müssen uns nicht übereilen und fürchten, dass die uns geschenkte Zeit nicht genügen wird für das, was wir zu tun haben. Es genügt, dass wir hörend bei Gott bleiben und immer bereit sind, zu tun, was uns aufgetragen ist.

Fragen:
- *Glaubst du, in der Vergangenheit gute Gelegenheiten verpasst zu haben? Trauerst du ihnen nach?*
- *Gibt es Momente, wenn du an deine Zukunft denkst, wo du ungeduldig wirst? Was befürchtest du dann am meisten und warum?*

e) Zuwendung zum Nächsten

Der Meditant wird erst recht eins mit Christi Willen werden, wenn ihn die Sorge um den Mitmenschen in Not trifft. Das Gebet der Stille wird letzten Endes seinen Zweck nur erfüllen, wenn es ihm hilft, sich auf die unerfüllten Bedürfnisse der Mitmenschen auszurichten. Dies wird ein Teil des Auftrages sein, den Jesus an uns richtet: »Gehet hin und predigt das Evangelium aller Kreatur.« Es ist Gott überlassen, wie er dich einsetzen wird, damit dieser Auftrag auch durch dich erfüllt wird.

Fragen:
- *Merkst du, wie deine Liebe zu Gott dich dazu drängt, dich anderen Menschen zuzuwenden?*
- *Inwiefern berührt dich die Not deiner Mitmenschen in deiner Umgebung und in der Welt?*

f) Entwickle deine Vision

Das Gebet der Stille bringt allmählich zum Vorschein, dass dir genügend Kraft gegeben ist, um das Lebenswerk zu tun, für das du eigentlich geschaffen wurdest.

Sollte es dir möglich sein, so bist du eingeladen, dich mit anderen zusammenzutun und dir mit ihnen vorzustellen, wie ihr gemeinsam gebraucht werden könnt. Sollten wir uns zu viel erhoffen, so wird die Realität uns schon in unsere Schranken weisen und die nötige Korrektur an unseren Vorstellungen anbringen.

In den meisten Fällen wird mehr möglich sein, als wir ahnen, wenn unsere Kräfte für den Willen Gottes freigesetzt werden. Beginnen wir erst einmal damit, so werden wir bald nichts anderes mehr anstreben und wünschen wollen, als das, was Gott will.

Beginne damit heute!
In der Stille bewege folgende Worte in dir:

In deiner Wirklichkeit, Herr, habe ich wichtige Wahrheiten erkannt.
Du selbst bist die Wirklichkeit, die keinen Anfang und kein Ende kennt.
Aus dieser Wirklichkeit entspringen alle Wirklichkeiten.
Du bist die Liebe, aus der alles hervorgeht.
Du bist die Herrlichkeit, in der alle Herzlichkeit ihren Ursprung hat.[81]

Anmerkungen

[1] Kolosser 2,2
[2] Thomas à Kempis, Die Nachfolge Christi, S. 202.
[3] Psalm 37,7
[4] Jesaja 30,15
[5] 1. Könige 19,11–12
[6] Francisco de Osuna,Versenkung, S. 85.
[7] Matthäus 4, 1–11 und Lukas 4, 1–13
[8] Markus 1,35
[9] Lukas 14,33
[10] Galater 1,17
[11] Das Wort »Meditant« kommt in der deutschen Sprache nicht vor. Ich übernehme es aus dem Französischen, wo es »der Meditierende« bedeutet. Im Gebet der Stille lässt sich der Meditant von einer starken Gottessuche antreiben. Er formuliert sein Gebet zum größten Teil nicht durch Gedanken oder mündliches Gebet, sondern durch seine Herzenshaltung.
[12] Galater 2,20
[13] Lukas 10,27
[14] Das Wort »Selbstverleugnung« weist nicht auf einen Verlust, sondern auf Gewinn hin. Es drückt etwas aus, was uns Menschen zuerst total zuwider ist: Von egoistischen und materiellen Erwartungen wegsehen, das liegt nicht in unserer Natur. Aber gerade weil diese äußerlichen Dinge, von denen wir uns immer etwas Glück erwarten, uns vom Wesentlichen ablenken, verdienen sie es, dass wir sie vernachlässigen oder sie gar vergessen, damit wir zum Wesentlichen vordringen. Wer sich auf diesen Weg begibt, wird erst recht zu sich selbst und zu Gott finden und damit Friede und Glück. Jesus war der, der selbst immer zum Wesentlichen fand, weil er sich selbst verleugnet hat. Wer in seinen Fußstapfen ihm nachfolgt, der erfüllt sein Wort: »*Wer mir nachfolgen will, der verleugne sich selbst und nehme sein Kreuz auf sich und folge mir nach.*« (Markus 8,34)

[15] Johannes Cassianus (Johannes von Massilia) lebte zwischen 360 und 435. Er war christlicher Priester, Mönch, Abt und Schriftsteller. Die Werke Cassians gehören zu den bedeutendsten frühchristlichen Werken der Theologie. Zahlreiche Theologen wurden durch sie beeinflusst, unter ihnen Thomas von Kempen.

[16] Epheser 5,14

[17] Johannes 3,20.21

[18] 1. Johannesbrief 2,11

[19] Gerhard Tersteegen, Weg der Wahrheit, S. 32.

[20] Johannes 1,9

[21] 2. Korinther 4,6

[22] Johannes 3,21

[23] Friso Melzer, Wege und Stufen der Meditation, S. 74 und 75.

[24] 2. Chronik 7,14

[25] Philipper 2,7

[26] Unter Kontemplation versteht man ein Sehen und Wahrnehmen von geistlichen Dingen mit dem Herzen.

[27] A. J. Appasamy, What shall we believe, S. 7.

[28] Johannes Tauler, Das Reich Gottes in uns, S. 174.

[29] Wilfrid Stinissen, Ewigkeit mitten in meiner Zeit, S. 30.

[30] Jakobus 1,14

[31] Benedikt von Canfield, Regel der Vollkommenheit, S. 133.

[32] Sacharja zitiert von Jakobus 4,8

[33] Francisco de Osuna, Versenkung, S. 34.

[34] Lukas 8,21

[35] Johannes 14,25

[36] Herraiz-Garcia, Beten mit Hl. Teresa, S. 170.

[37] Thomas Merton, Keiner ist eine Insel, S. 106.

[38] Friso Melzer, Innerungen, Wege und Stufen des Lebens, S. 82.

[39] 1. Könige 18,21

[40] Genesis 4,7

[41] 1. Petrus 5,10

[42] Schon als Gott dem Mose auf dem Berg Sinai begegnete, gibt er sich zu erkennen mit den Worten: »*Ich werde sein, der ich sein*

werde.« (2. Mose 3,14) In der Wahrnehmung seiner Gegenwart werden wir fähig, auf ihn zu hören.

[43] Markus 4,12

[44] Hebräer 3,7

[45] Wilfrid Stinissen, Ewigkeit mitten in meiner Zeit, S. 26.

[46] Johannes Tauler, Das Reich Gottes in uns, S. 172.

[47] Ebd., S. 173.

[48] Philipper 2,7

[49] Klaus Berger, Was ist biblische Spiritualität?, S. 70.

[50] Ebd., S. 73.

[51] Bernhard von Clairvaux, Sämtliche Werke I, S. 225.

[52] Günter Benker, Loslassen können, die Liebe finden, S. 53.

[53] Römer 81,4–16

[54] Friso Melzer, Versenkung oder Begegnung, S. 48.

[55] Thomas Merton, Contemplative Prayer, S. 22.

[56] A. J. Appasamy, Der Sadhu, Christliche Mystik in einer indischen Seele, S. 142.

[57] W. R. Inge zitiert Richard von St. Viktor, Mystiker aus dem 12. Jahrhundert: »As Christ attested His transfiguration by the presence of Moses and Elias, so visions should not be believed unless they have the authority of Scripture.« – William Ralph Inge, Christian Mysticism, S. 14.

[58] Friedrich Heiler, Sadhu Sundar Singh, S. 81.

[59] Bernhard von Clairvaux, Sämtliche Werke I, S. 143.

[60] Miguel de Molinos, Guia Espiritual, S. 83. Siehe auch 1. Johannes 3,18

[61] Teresa von Avila, Die Botschaft vom Gebet, S. 74.

[62] Matthäus 6,6b

[63] Heiler, Sadhu Sundar Singh, S. 80.

[64] Markus 7,20–23

[65] Epheser 2,10

[66] Heiler, Sadhu Sundar Singh, S. 85 .

[67] Francisco de Osuna, Versenkung, S. 131.

[68] Ebd., S. 85.

[69] Carlo Carretto, Denn du bist mein Vater, S. 79.

[70] Lukas 12, 15

[71] Bernhard von Clairvaux, Rückkehr zu Gott, S. 92.

[72] Lukas 9,23

[73] Johannes vom Kreuz, Aufstieg zum Berg Karmel, zitiert in Benker, Loslassen können, S. 82.

[74] Johannes vom Kreuz, Ihn will ich suchen, den meine Seele liebt, S. 27.

[75] Verweilen bei einem Freund, Gebete von Teresa von Avila, S. 75.

[76] Markus 7,20–22

[77] Johannes von Kastl, Vom ungeschaffenen Licht, S. 99.

[78] Römer 5,5

[79] Bernhard von Clairvaux, Rückkehr zu Gott, S. 75.

[80] Benker, Loslassen können, S. 131.

[81] Peter Dyckhoff, Einübung in das Ruhegebet, S. 83.

Literaturverzeichnis

Appasamy, A. J.: What shall we believe, Madras,1992

Benker, Günter: Loslassen können – die Liebe finden, Mainz 1991

Berger, Klaus: Was ist biblische Spiritualität, Gütersloh 2000

Von Canfield, Benedikt: Regel der Vollkommenheit, Werl/Westfalen 1989

Carretto, Carlo: Denn du bist mein Vater, Freiburg 1991

von Clairvaux, Bernhard: Sämtliche Werke 1, Innsbruck 1990

von Clairvaux, Bernhard: Rückkehr zu Gott, Die mystischen Schriften, Düsseldorf 2006

Dyckhoff, Peter: Einübung in das Ruhegebet, Eine christliche Praxis nach Johannes Cassian, München 2006

Meister Eckart: Ewigkeit inmitten der Zeit, Zürich/Einsiedeln 1983

Grundkurs Spiritualität des Karmel, hrsg. von Michael Plattig und Elisabeth Hense, Stuttgart 2006

Heiler, Friedrich: Sadhu Sundar Singh. Ein Apostel des Ostens und Westens, Basel 1926

Herraiz-Garcia, Maximilino: Beten mit Hl. Teresa, Freiburg 1987
Inge, William Ralph: Christian Mysticism. The Project Gutenberg eBook 2005

Melzer, Friso: Innerung. Wege und Stufen der Meditation, Kassel 1977

Ders.: Versenkung oder Begegnung, Stuttgart 1987

Merton, Thomas: Keiner ist eine Insel, 1979

Ders.: Contemplative Prayer, Kalamanzoo/Michigan 1971

De Molinos, Miguel: Guia Espiritual, Madrid 1989

De Osuna, Francisco: Versenkung. Weg und Weisung des kontemplatives Gebets, Freiburg 1984

Perthes, Andreas: Der Sadhu. Christliche Mystik in einer indischen Seele, Stuttgart – Gotha 1923

Stinissen, Wilfrid: Ewigkeit mitten in meiner Zeit, Mainz 2005

Tauler, Johannes: Das Reich Gottes in uns, München 1982

Tersteegen, Gerhard: Weg der Wahrheit, Stuttgart 1968

Der Autor ist dankbar für Rückmeldungen und Gedankenanstöße.
berhuber@sunrise.ch